열두 달 역사 체험

교과서에 나오는 역사 현장

개똥이네 책방 54

열두 달 역사 체험
교과서에 나오는 역사 현장

2024년 3월 11일 1판 1쇄 펴냄 | 2025년 9월 19일 1판 3쇄 펴냄

글과 사진 배성호 | **그림** 한지선
편집 김누리, 김성재, 임현, 이경희 | **디자인** 김은미 | **제작** 심준엽
영업마케팅 심규완, 윤민영 | **영업관리** 안명선 | **새사업부** 조서연 | **경영지원실** 김세정
인쇄와 제본 (주)상지사P&B

펴낸이 윤구병 | **펴낸 곳** (주)도서출판 보리 | **출판 등록** 1991년 8월 6일 제9-279호
주소 (10881) 경기도 파주시 직지길 492 | **전화** 031-955-3535 | **전송** 031-950-9501
누리집 www.boribook.com | **전자우편** bori@boribook.com

ⓒ배성호, 한지선, 2024

이 책의 내용을 쓰고자 할 때는, 저작권자와 출판사의 허락을 받아야 합니다.
잘못된 책은 바꾸어 드립니다.
값 17,000원

보리는 나무 한 그루를 베어 낼 가치가 있는지 생각하며 책을 만듭니다.

ISBN 979-11-6314-354-3 73910

제품명 : 도서 제조자명 : (주) 도서출판 보리 주소 : (10881) 경기도 파주시 직지길 492 전화번호 : (031) 955-3535
제조년월 : 2025년 9월 제조국 : 대한민국 사용연령 : 7세 이상 주의사항 : 책의 모서리가 날카로우니 다치지 않게 주의하세요.
KC 마크는 이 제품이 공통안전기준에 적합하였음을 의미합니다.

열두 달 역사 체험

교과서에 나오는 역사 현장

배성호 글과 사진 | 한지선 그림

보리

여는 글

생생한 우리 역사 체험 현장으로 여러분을 초대합니다!

여러분에게 특별한 날은 언제인가요? 여러분에게 특별한 장소는 어디인가요?

우리는 날마다 수많은 기념일과, 의미 있는 장소들과 마주하며 살아갑니다. 기념일에는 생일처럼 신나는 날도 있고, 어린이날이나 광복절처럼 뜻깊은 날도 있습니다. 생일날 친구들과 함께 뛰어놀았던 놀이터나 식구들과 함께 다녀온 박물관과 역사 현장들은 살면서 오래 기억에 남는 곳들이지요.

이 책은 특별한 날과 장소들에 대한 이야기를 담고 있어요. 살면서 꼭 기억해야 할 기념일과 그 기념일에 담긴 역사를 살필 수 있는 박물관과 역사 현장들을 소개합니다. 그래서 이 책을 읽다 보면 어느새 흥미진진한 역사 여행을 떠날 수 있을 거예요. 박물관과 역사 현장을 돌아보면서 당시 사람들의 생생한 이야기를 만나고, 이를 통해 무심코 지나쳤던 기념일에 담긴 뜻을 되돌아볼 수 있거든요. 달력에서 봤던 기념일들이 만들어지기까지 얼마나 많은 사람들이 함께 했는지 알게 되면 깜짝 놀랄 거예요.

박물관이나 역사 현장에 갔을 때 이 책에서 추천하는 장소부터 먼저 살펴보세요. 그럼 새로운 것들이 보이기 시작할 거예요. 가령, 대한민국역사박물관 옥상에 올라 광화문을 내려다보면서 우리나라의 과거와 현재 그리고 미래를 살펴보거나, 서대문형무소역사관 민족저항실에서 그동안 미처 알지 못했던 독립운동가와 만나는 것처럼 지금까지 쉽게 하지 못했던 역사적 경험을 할 수 있거든요.

또, 역사 인물들과 생생하게 마주하는 체험도 할 수 있어요. 안창호 선생의 사진이나

 손기정 선수의 청동 투구를 보면서 이분들이 지나온 발자취를 돌아보고, 우리의 현재와 견주며 생각해 볼 수 있을 거예요.

 사실 이 책은 수많은 어린이 친구들과 함께한 덕분에 나올 수 있었답니다. 2년 동안 전국의 역사 현장을 누비면서 모은 이야기를 어린이 잡지 〈개똥이네 놀이터〉에서 달마다 나누었거든요. 그렇게 차곡차곡 쌓인 현장 소식과 이야기를 어린이들뿐만 아니라 전국에 있는 선생님들과 학부모님들께서도 흥미진진하게 살펴봐 주고, 책으로도 펴내면 좋겠다고 말해 주었어요. 덕분에 당시 취재와 답사를 하면서 나눈 내용을 최신 내용으로 정리해서 이렇게 엮을 수 있게 되었습니다.

 2년 동안 직접 현장을 찾으면서 가슴 뛰는 경험을 참 많이 했습니다. 달마다 답사를 다니고 역사 현장을 촬영하고, 이를 함께 공부하는 학생들과 나눌 수 있어 행복했습니다. 현장을 함께 답사하면서 현장 안내와 사진 촬영을 도와준 강선영, 박찬희 선생님을 비롯한 전국초등사회교과모임의 많은 선생님들, 그리고 박물관 학예사, 지역 활동가분들, 보리출판사 편집부에 감사드립니다. 모쪼록 이 책을 벗 삼아 어린이와 청소년들이 희망찬 발걸음을 열어 가길 응원합니다!

희망찬 봄날을 준비하는 교실에서
배성호 드림

차례

여는 글 **생생한 우리 역사 체험 현장으로 여러분을 초대합니다!** • 4

3월

탑골공원에서 찾아보는
3·1운동의 역사 • 8

4월

효창공원에서 살펴보는
대한민국임시정부 발자취 • 16

5월

천도교 중앙대교당에서
살펴보는 **어린이날의 역사** • 24

2월

대구에서 시작된
국채보상운동의 의미 • 96

1월

새해를 맞아
국립중앙박물관으로! • 88

12월

우리나라 이민 역사를
기억하는 공간,
한국이민사박물관 • 80

6월
전쟁기념관에서 생각하는
6·25전쟁과 평화 • 32

7월
대한민국역사박물관에서
만나는 제헌절과 헌법 • 40

8월
민족의 아픔이 서려 있는
서대문형무소역사관 • 48

9월
근현대사기념관에서
만나는 한국광복군 • 56

11월
덕수궁에서 기리는
순국선열의 발자취 • 72

10월
한글의 역사를 만날 수 있는
한글가온길 • 64

사진 제공 • 104

부록 한눈에 보는 **열두 달 역사 체험** 답사 길

| 3월 |

탑골공원에서 찾아보는
3·1운동의 역사

여기는 어디야?

1919년 3월 1일 "대한 독립 만세!" 소리가 온 나라에 울려 퍼졌어.

독립을 위해 온 국민이 거리로 나섰지.

이 만세운동을 시작한 곳이 바로

서울시 종로구에 있는 탑골공원이야.

그래서 탑골공원과 그 둘레에는 3·1운동을 기리는 기념물이 많아.

공원을 걸으며 그날의 뜨거운 열기를 느껴 보자.

주소 서울특별시 종로구 종로 99 탑골공원
전화번호 02-731-0534

역사 달력

1919년 3월 1일 3·1운동

역사 인물

손병희(1861~1922)

손병희 선생은 천도교 지도자이자 일제강점기 때 독립운동가였어.
3·1운동을 앞장서서 이끌었지.
또, 보성학교와 동덕여학교를 비롯해 수십 개의 학교를 운영하며
민족 계몽을 위한 교육 사업에 힘썼어.

생생 역사 속으로

3·1운동이 시작된 탑골공원

탑골공원은 1897년에
서울에 만든 첫 서양식 공원이야.
국보 제2호인 원각사지10층석탑이 있어서
탑동공원, 파고다공원이라고도 불렀어.
무엇보다 3·1운동이 시작된 장소이기도 해.

탑골공원 정문 '삼일문'이야.
3·1운동을 기리는 뜻이 담겨 있어.

우리는 오늘 조선이 독립한 나라이며, 조선인이 이 나라의 주인임을 선언한다!

만세 소리가 울려 퍼진 팔각정

팔각정은 1902년에
탑골공원 안에 지은 팔각형 정자야.
1919년 3월 1일, 학생 수천 명이
탑골공원 팔각정 둘레에 모여들었어.
한 학생이 용감하게 팔각정 단상에 올라가
우렁차게 독립선언서를 읽어 내려갔어.
발표가 끝나고 학생들은 다같이
"대한 독립 만세!"를 외쳤지.
그렇게 3·1운동이 시작됐어.

팔각정의 현재 모습

독립선언서 기념비

기념비에는 민족 대표 33인 이름과 독립선언서를 새겼어.
기념비 양쪽으로 손병희 선생과 3·1운동을 이끈 학생의 동상이 있어.

학생 동상

손병희 선생 동상

손병희 선생은 민족 대표 33인 가운데 한 명이자
최시형을 이은 천도교 지도자였어.
천도교는 동학을 이은 민족 종교야.
당시 천도교인들은 인쇄소와 사립학교를 운영해서
영향력이 컸고, 출판, 교육, 문화 운동을 펼치기도 했어.
손병희 선생은 3·1운동을 위해 교인들에게 성금을 거두었고,
전국에 있던 천도교인들은 팔을 걷어붙이고 참여했어.
또 독립선언서를 인쇄하고 온 나라에 배포하기도 했지.

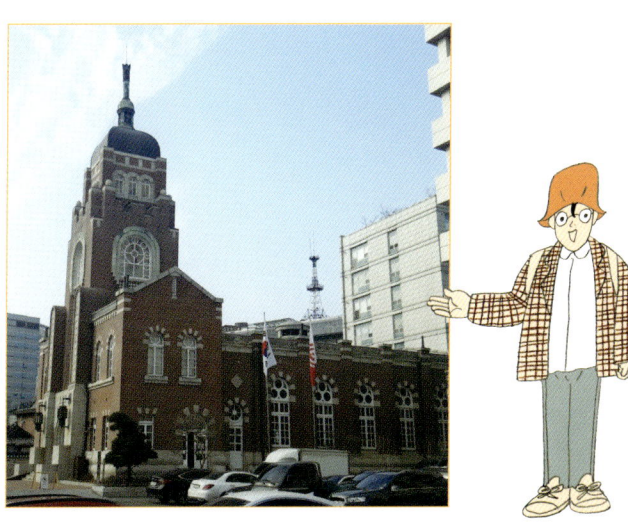

> 탑골공원에서
> 북악산을 보고 걸어가다 보면
> 천도교 중앙대교당이 나와.
> 천도교는 중앙대교당을 지을 때
> 쓰려던 돈을 덜어 3·1운동
> 준비에 쓰기도 했어.

탑골공원에서 여기는 꼭 들러 봐!
-3·1운동 기념 부조상

방문 콕콕

탑골공원 안에는 온 나라에서 일어난 3·1운동 장면을 담은 부조*가 있어.
왼쪽 첫 번째 사진은 평양 3·1운동 모습을 새긴 거야.
1919년 3월 1일 정오에 종이 울리자
평양 지역에 수많은 사람들이 태극기를 들고 거리로 나갔어.
일본 경찰의 총칼에도 굴하지 않고 만세를 외쳤지.
이 밖에도 전국 방방곡곡에서 일어난 3·1운동의 모습을 새겨 놓았어.
차례차례 둘러보며 3·1운동과 생생하게 마주하는 시간을 가지면 좋겠어.

* 부조: 평평한 면에 글씨나 그림이 위로 도드라지게 새기는 것.

평양 3·1운동

독립선언서를 낭독하는 모습

아우내 장터 3·1운동을 이끄는 유관순

3·1운동 기념 부조상

3·1운동을 일어나게 한 일본의 식민 정책

조선총독부는 식민 지배를 시작한 1910년부터
무단 통치를 실시했어.
조선인이 언론, 정치, 교육 활동을 하지 못하도록 막았지.
조선총독부가 억압한 것들을 살펴볼까?

언론 탄압

조선인이 펴내는
신문을 없애고 민족의식을
일깨우는 역사책과
잡지 출판을 금지했어.

정치 탄압

독립운동가를 체포하고
애국 단체들을 해산시켰어.
조선인이 하는 모든
정치 활동을 막았어.

교육 탄압

일본어를 국어로 하고 일본 역사를
국사로 바꿨어. 민족 학교를 없애고
식민 지배에 순종하는 조선인을
만들기 위한 교육을 했어.

고종 황제 죽음과 독립선언서

1919년 1월 21일, 고종 황제가 갑자기 세상을
떠나자 백성들은 분노했어. 독립운동가들은
사람들이 많이 모이는 장례 기간 동안 독립선언을 하고
만세운동을 해야 한다고 뜻을 모았어.
천도교, 기독교, 불교 지도자 33명은
민족을 대표해 독립선언서를 쓰기로 했어.
민족 대표 가운데 최남선이
일본 경찰의 눈을 피해 선언서를 쓰고
보성사* 사장인 이종일이 인쇄했어.
독립선언서는 비밀스럽게
종교 조직과 청년들, 학생들을 통해
온 나라로 퍼져 나갔어.

* 보성사: 천도교가 운영하던 인쇄소.

들불처럼 퍼진 만세운동

마침내 3월 1일, 서울을 비롯해 평양, 의주, 선천, 원산에서 동시에 만세운동을 펼쳤어.
서울과 평양을 비롯한 큰 도시에서 시작한 만세운동은 중소 도시와
작은 마을로 퍼져 나가며 5월 말까지 계속됐어.
3·1운동으로 상하이에 대한민국임시정부를 세울 발판을 마련했고,
일본은 우리 민족의 저력에 놀라 식민 지배 방식을 무단 통치에서 문화 통치로 바꾸었어.

모두가 한마음 한뜻으로

3·1운동은 준비 과정부터 만세운동까지
신분이나 성별, 직업에 상관없이
모두가 함께했어.
특히 학생들이 운동에 적극 참여했지.
상인들은 상점 문을 닫았고 노동자들도
마음을 모아 동맹 파업을 이어 갔어.
3월 1일부터 세 달 동안 전국 218개 시·군에서
무려 1,500번이 넘게 집회가 열렸어.

3·1운동은 대한민국의 시작이나 마찬가지야. 대한민국 헌법을 펼치면, 3·1운동으로 세워진 대한민국임시정부를 이어받아 지금까지 왔다고 나와 있어.

역사 배경지식 쏙쏙

 **세계에 널리 알려진 3·1운동**

인도 독립운동가이자 초대 총리 자와할랄 네루가 딸에게 보낸 편지를 읽어 볼까?

> 일본은 처음 얼마 동안 근대적인 개혁을 실시했으나, 곧이어 검은 속내를 드러냈고
> 조선 민족은 독립 투쟁을 줄기차게 계속하였다. 그중에서도 중요한 것은
> 1919년 3·1운동이었다. 조선 청년들은 맨주먹으로 적에 저항하여 용감히 싸웠다.
> 3·1운동은 조선 민족이 단결하여 자유와 독립을 찾으려고 수없이 죽어 가고
> 일본 경찰에 잡혀가서 모진 고문을 당하면서도 굴하지 않았던 위대한 독립운동이었다.
> 그들은 이러한 꿈을 위해 희생하고 죽음도 두려워하지 않았다. 자와할랄 네루, 《세계사 편력》

3·1운동은 세계에 널리 알려졌어. 중국, 베트남, 필리핀같이 식민 지배를 받는
다른 아시아 나라에도 독립을 이룰 수 있다는 희망을 일깨워 줬어.

 주제로 보는 한국사 연표 : 3·1운동

1910년 경술국치

1911년 105인 사건
일제가 독립운동을 막기 위해 신민회 애국지사 105명을 옥에 가둔 사건

1918년 신한청년당 조직
김구, 여운형, 이광수들이 중심이 되어 만든 독립운동 단체

1919년 신한청년당 독립선언 준비
김규식을 프랑스 파리에, 장덕수를 일본에, 김철과 선우혁을 한반도에, 여운형을 러시아에 파견해 독립선언 준비를 함

1919년 대한민국 임시정부 수립

1919년 파리강화회의 탄원서 제출
김규식이 파리강화회의에서 대한민국임시정부 이름으로 된 탄원서 제출. 세계 각국 대표들에게 일본의 만행과 우리나라의 독립을 널리 알림

1919년 3·1운동

1919년 2·8 독립선언
일본 도쿄에서 우리나라 유학생들이 조선독립청년단 이름으로 독립선언서 발표

 함께 생각해요

• 우리나라 3·1운동이 세계 평화를 위해 왜 중요한 것이었을까요?

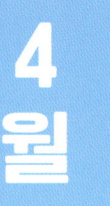

효창공원에서 살펴보는 대한민국임시정부 발자취

4월

여기는 어디야?

효창공원은 본디 조선 시대 왕실의 묘역인 '효창원'이었어.

그런데 일제강점기 때 일본이 묘역을 강제로 옮기고

이름도 '효창공원'이 되었지.

그러다 독립을 맞은 뒤 독립운동가 묘역으로 쓰이면서 그 의미가 회복되었어.

지금 효창공원에는 김구 선생을 비롯해

독립운동가 일곱 분을 모신 묘역과 사당 들이 있어.

또 김구 선생을 기리는 백범김구기념관도 있지.

효창공원은 대한민국임시정부의 역사를 살펴볼 수 있는 뜻깊은 장소야.

주소 서울특별시 용산구 효창원로 177-18
전화번호 02-2199-7608

역사 달력

1919년 4월 11일 대한민국임시정부 수립

역사 인물

김구(1876~1949)

김구 선생은 일제강점기 때 독립운동가이자
대한민국임시정부를 이끈 지도자였어.
민족의 힘을 기르고자 교육 운동을 펼쳤고
우리 힘으로 독립하기 위해 한국광복군을 창설하기도 했어.
우리나라 독립운동 역사의 큰 기둥이야.

생생 역사 속으로

독립운동가들이 잠들어 있는 효창공원

효창공원을 처음 독립운동가 묘역으로 만든 사람은 백범 김구 선생이야.
일본이 민족정기를 훼손한 바로 그곳에 독립운동가의 유해를 모셔서 우리 역사를
바로잡고자 했지. 광복 뒤인 1946년, 김구 선생은 삼의사의 유해를 이곳으로
모셔 왔어. 또, 1948년에 대한민국임시정부를 이끈 임정 요인 세 분의 유해도
효창공원에 모셨어. 국립현충원이 생기기 전까지는 효창공원에 유해를
모시는 것이 독립운동가에 대한 최고 예우였어.

이봉창 의사   윤봉길 의사   백정기 의사

> 삼의사는 일왕에게 폭탄을 던진 이봉창 의사, 일왕 생일 행사에 폭탄을 던진 윤봉길 의사, 주중 일본 대사를 저격한 백정기 의사야.

세 개의 묘, 하나의 빈자리

삼의사 묘역에 가 보면 유골이 없는 빈 무덤이 있어.
1909년, 중국 하얼빈 기차역에서 이토 히로부미를 사살한
안중근 의사 유해를 모실 자리야.
하지만 일본 정부가 협조하지 않아 독립이 된 지 70년이 넘은
지금까지도 안중근 의사의 유골을 찾지 못하고 있어.

> 내가 죽으면 내 유골을 하얼빈 공원에 묻었다가, 독립이 되거든 조국으로 옮겨 묻어 주시오.

삼의사 묘역   김구 선생, 삼의사, 임정 요인을 모신 의열사

백범의 발자취가 담긴 백범김구기념관

백범 김구 선생은 일제강점기 때 임시정부를 이끈 분이야.
광복 뒤에는 한반도에 통일된, 완전한 자주독립 국가를 세우기 위해
힘쓰다가 1949년 선생의 집에서 총을 맞아 안타깝게 세상을 떠났어.
백범김구기념관은 김구 선생 묘소 앞에 있어.
2002년에 김구 선생의 생애와 업적을 기념하고자 세웠지.
전시 공간은 두 개 층으로 이루어져 있는데,
김구 선생이 한평생 이끈 독립 투쟁의 과정을 시대순으로 볼 수 있어.

백범김구기념관 전경

김구 선생 묘소

김구 선생 좌상

효창공원에서 여기는 꼭 들러 봐!
-백범김구기념관 2층 전시관

방문 콕콕

《백범일지》는 김구 선생이 1929년과 1943년에 쓴 두 권의 책이야. 첫 번째 책에는 자기가 걸어온 삶을 기록했고, 두 번째 책에는 광복을 맞이하기까지 투쟁의 역사를 담았어. 《백범일지》는 독립운동 역사를 연구하는 데 귀중한 자료라고 평가받아 우리나라 보물로 지정되었지. 백범김구기념관 2층 전시관에 가면 《백범일지》 친필본을 전시하고 있어. 먹물로 빼곡히 써내려 간 글을 보고 있자면 김구 선생의 뜨거운 마음이 전해지는 것 같아.

2층 전시관

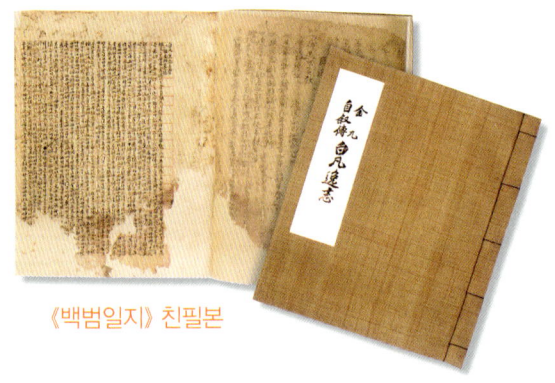
《백범일지》 친필본

나는 우리나라가 세계에서 가장 아름다운 나라가 되기를 원한다. 가장 부강한 나라가 되기를 원하는 것은 아니다. 내가 남의 침략에 가슴이 아팠으니, 내 나라가 남을 침략하는 것을 원치 아니한다. 오직 한없이 가지고 싶은 것은 높은 문화의 힘이다.
-《백범일지》 가운데 '나의 소원' -

국민이 주인 되는 나라를 꿈꾼 대한민국임시정부

온 나라에 3·1운동이 일어난 뒤 나라 안팎에서 독립운동을 이끌던 민족 지도자들은 우리 정부가 필요하다는 것을 깨달았어. 그래서 여기저기에서 임시정부가 생겨났지.
그 뒤 1919년 4월 11일, 흩어져 있던 임시정부를 모아 하나로 통합된 임시정부를 상하이에 세우고 나라 이름을 '대한민국'으로 정했어. 대한민국임시정부의 목표는 일본을 몰아내고 우리나라를 다시 일으켜 세우는 것이었어. 무엇보다 누구나 자유롭고 평등한 나라, 국민이 주인 되는 새로운 나라를 꿈꿨지.

1921년 1월 1일에 찍은 대한민국임시정부 신년 축하식 사진 동그라미 속 인물은 왼쪽부터 김구, 이승만, 안창호 선생이야.

대한민국임시정부가 한 대표적인 활동

우리나라 대표로 외교 활동을 했어

김규식은 파리강화회의가 열리는 프랑스 파리로 가서 우리나라 독립을 주장했어. 또 구미위원부는 이승만을 중심으로 미국에서 외교 활동을 펼쳤어.

연통제를 만들었어

독립운동을 위한 비밀 연락망인 '연통제'를 만들었어. 국내에 있는 사람들은 이 연락망으로 상하이에 있는 임시정부와 연락하고 독립운동에 함께 하기도 했어.

상하이 임시정부 청사

문화 운동을 펼쳐 독립 의식을 드높였어

<독립신문>을 한글과 영어 두 가지 판으로
발행해 나라 안팎의 동포들과
다른 나라에 독립운동 소식을 전했어.
또, 우리 역사 사료 편찬소를 세워서
대한민국의 자주성을 확보하고
우리 문화를 널리 알렸어.

한인애국단을 만들어 의열 투쟁을 벌였어

김구 선생은 1931년에 '한인애국단'이라는
비밀 조직을 만들고 의열 투쟁을 펼쳤어.
일왕과 일본 고위 인사, 조선인 매국노를
암살하거나 일본 정부의 주요 건물과 시설을
파괴하는 활동을 했지.
1932년 이봉창 의사가 일왕에게 폭탄을 던진 사건과
같은 해 윤봉길 의사가 중국 상하이에서
도시락 폭탄을 던진 사건이 대표적이야.

한국광복군을 만들었어

대한민국임시정부는 강한 군사력을 지닌
독립군을 키워 독립전쟁을 해야 한다고 생각했어.
그래서 1940년, 만주와 시베리아, 중국에서
활동하던 독립군과 의용대, 청년들을 모아
한국광복군을 만들었어.

임시정부 요인들이 해방을 맞은 고국으로
돌아오기 전에 기념으로 찍은 사진이야.
지금 대한민국을 있게 한 얼굴들이지.

역사 배경지식 쏙쏙

 대한민국임시정부에서 낳고 자란 '제시'의 일기

《제시의 일기》는 임시정부에서 독립운동을 하던 양우조, 최선화 부부가 중국 상하이에서 딸 '제시'를 낳고 8년 동안 쓴 일기를 모은 책이야. 일기에는 제시의 성장과 식구에 대한 기록이 담겨 있어. 그뿐 아니라 1938년부터 1946년까지 대한민국임시정부가 일본의 공습을 받으며 중국 여러 지역을 이동한 과정, 중국에서 일본의 패망과 조국의 광복 소식을 전해들은 상황처럼 대한민국임시정부가 겪은 생생한 이야기도 담고 있어. 독립운동에 있어서 중요한 의미를 갖는 역사 기록이야.

독립운동가 최선화, 양우조와 딸 제시

 주제로 보는 한국사 연표 : 대한민국임시정부

 함께 생각해요

- 김구 선생은 우리나라가 힘세고 돈이 많은 나라가 아니라 문화가 아름다운 나라가 되면 좋겠다고 말씀하셨어요. 그 까닭은 무엇일까요?

5월

천도교 중앙대교당에서
살펴보는 어린이날의 역사

여기는 어디야?

서울시 종로구에 있는 천도교 중앙대교당은

동학을 이은 민족 종교, 천도교의 중심지야.

천도교는 일제강점기 때 어린이운동과 3·1운동에 큰 역할을 했어.

그래서 천도교 중앙대교당과

그 둘레에는 어린이운동과 3·1운동의

발자취가 남아 있어.

주소 서울특별시 종로구 삼일대로 457
전화번호 02-735-7579

역사 달력

 1923년 5월 1일 첫 어린이날 기념행사

역사 인물

방정환(1899~1931)

방정환 선생은 일제강점기 때 독립운동가이자 인권 운동가였어.
1920년대 어린이운동을 이끌며, '어린이'라는 말과
'어린이날'을 처음 만들었지.
우리나라 최초 어린이 잡지인 〈어린이〉를 펴냈어.

생생 역사 속으로

독립운동의 중심지, 천도교 중앙대교당

천도교 중앙대교당은 천도교의 종교 의식을 비롯해
각종 정치 집회, 예술 공연, 강연회 들을 연 곳이야.
당시 보기 힘든 높고 웅장한 모습 때문에
서울 시내 3대 건물로 꼽히기도 했지.
또, 방정환 선생이 이끈 어린이운동과
일제강점기 항일운동의 중심지이기도 했어.

중앙대교당 터를
다지는 데 사용한 돌

천도교 중앙대교당 입구

1층 대교당

우리 민족을 상징하는 무궁화, 박달나무 꽃 문양으로 중앙대교당 곳곳을 꾸며 놓았어.

스테인드글라스

입구 장식

천도교 중앙대교당 둘레

천도교소년회 터

천도교소년회는 1921년 방정환 선생과 김기전, 그리고 천도교 청년들이 중심이 되어 만든 단체야. 어린이날을 만들고, 월간 〈어린이〉를 창간하며 어린이운동을 이끌었어.

> 방정환 선생은 손병희 선생의 사위였어. 그래서 천도교의 도움을 받으며 어린이운동을 펼칠 수 있었어.

개벽사 터

민족 잡지 〈개벽〉과 어린이 잡지 〈어린이〉를 펴냈던 개벽사 터야.

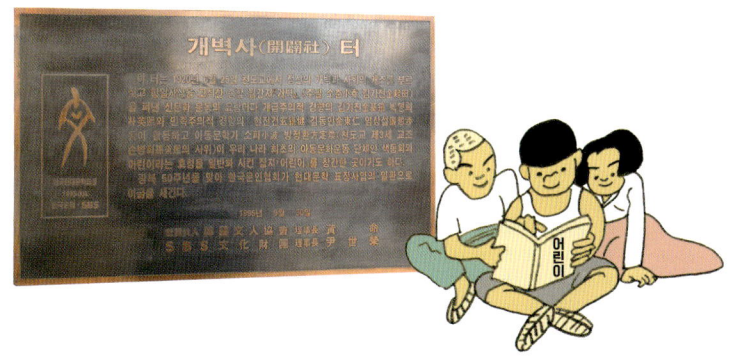

독립선언서 배부 터

3·1운동을 준비하던 그때, 천도교가 운영하는 보성사에서 독립선언서를 인쇄했어. 그리고 천도교 중앙대교당 마당에 갈무리해 뒀다가 종교계, 학생 대표들에게 미리 나눠 줬지.

천도교 중앙대교당에서 여기는 꼭 들러 봐! - 세계어린이운동발상지 기념비

천도교 중앙대교당 둘레에 가면
'세계어린이운동발상지 기념비'가 있어.
방정환 선생은 이 기념비가
세워진 자리에서 첫 어린이날 행사를 열었어.
어린이와 어른 천여 명이 모인 가운데
'어린이날 선언'을 발표했지.
이곳에 찾아가 어린이들을 위해 많은 노력을 했던
방정환 선생을 기려 보면 좋을 것 같아.

어른이 어린이를 내리 누르지 말자.
삼십 년 사십 년 뒤진 옛 사람이
삼십 사십 년 앞 사람을 잡아끌지 말자.
낡은 사람은 새 사람을 위하고
떠받쳐서만
그들의 뒤를 따라서만
밝은 데로 나아갈 수 있고
새로워질 수가 있고
무덤을 피할 수 있는 것이다.
— 1930년 7월 방정환 선생 강연 가운데 —

존중을 담은 이름 '어린이'

오늘날 당연하게 쓰는 '어린이'라는 말은 소파 방정환 선생 덕분에 널리 쓰이게 되었어. 방정환은 아이들에게도 인격이 있고, 나이에 알맞게 존중받는 이름을 붙여 주자고 했어. 그래서 '어리지만 엄연한 사람'이라는 뜻으로 '어린이'라는 말을 썼지.

'어린이'라고 부르기 전까지 어른들은 어린이를 '애, 애들, 애새끼' 따위로 낮춰 불렀어. 그리고 부모나 집안의 소유물로 여겼지.

일제강점기에 시작된 어린이운동

3·1운동이 있은 뒤, 일본은 더 악랄한 방법으로 우리나라를 통치했어. 방정환 선생을 비롯한 어린이운동가들은 어린이를 잘 키우는 것이 우리나라 미래를 위한 일이라고 목소리를 냈어. 방정환 선생은 잡지 〈어린이〉를 만들고, 외국 동화를 우리말로 옮겨 동화책을 냈어. 또, 직접 동시와 동화를 쓰기도 했지.

방정환 선생은 아이들 흥미를 끄는 금강산 말판놀이, 조선 팔도 윷놀이 같은 잡지 부록을 여럿 만들기도 했어.

〈어린이〉 창간호(1923년 3월 호)

제1회 어린이날

방정환 선생은 1922년, 처음으로 어린이날을 만들었어.
그리고 1923년 5월 1일에 여러 어린이 단체와
함께 첫 어린이날 행사를 열었어.
방정환 선생은 행사가 열린 천도교 중앙대교당에서
'어린이날 선언'을 발표하고,
여러 사람과 함께 서울 거리를 행진했어.

> 오늘 우리는 우리 겨레의 희망인 어린이들을 위해 특별히 모였습니다. 젊은 사람을 젊은이라고 하듯 이 순간부터는 나이가 어린 사람을 어린이라고 부릅시다. 이제부터 우리는 어린이들을 완전히 존중하고 14세 이하의 어린이들에 대한 노동을 없애고 어린이들이 건강하게 자라면서 마음껏 배우고 뛰어놀 수 있도록 여러 가지 좋은 환경들을 만들어야 합니다. 이에 오늘 우리는 5월 1일을 어린이날로 정해서 그 뜻을 널리 나누고자 합니다.
> -어린이날 선언-

일본이 두려워한 어린이날

일본은 3·1운동 때 학생들이 만세 시위에 참여하는 걸 보고
어린이날도 독립운동으로 이어질까 봐 두려워했어.
그래서 학생들이 행사에 참여하지 못하도록 학교에서 수업을 하게 했지.
1937년부터는 어린이날을 아예 없애 버렸어.

> 어린이날은 해방 뒤 다시 살아났어. 5월 첫 번째 일요일이던 5월 5일로 정했지.

역사 배경지식 쏙쏙

📖 방정환 선생이 전하는 말

방정환 선생이 어른과 어린이에게 전한 말이 있어. 함께 읽어 볼까?

어른에게 전하는 말

- 어린이를 내려다보지 마시고 쳐다봐 주시오.
- 어린이에게 존댓말을 쓰시고 부드럽게 대해 주시오.
- 잠자는 것과 운동하는 것을 충분히 하게 하여 주시오.
- 어린이를 꾸짖을 때는 성만 내지 마시고 자세히 타일러 주시오.
- 어린이들이 서로 모여 즐겁게 놀 만한 놀이터와 기관 같은 것을 지어 주시오.

어린 동무에게 전하는 말

- 돋는 해와 지는 해를 반드시 보기로 합시다.
- 어른들에게는 물론이고 당신들끼리도 서로 존대하기로 합시다.
- 뒷간이나 담벽에 글씨를 쓰거나 그림 같은 것을 그리지 말기로 합시다
- 꽃이나 풀을 꺾지 말고 동물을 사랑하기로 합시다.
- 입을 꼭 다물고 몸을 바르게 가지기로 합시다.

🕐 주제로 보는 한국사 연표 : 어린이날

1920년	1921년	1922년	1923년	1923년	1923년
'어린이'라는 말을 널리 알림	천도교소년회 조직	어린이날 선포	잡지 〈어린이〉 창간	어린이운동 단체 색동회 창립	제1회 어린이날 행사

1973년	1957년	1946년	1937년	1931년
어린이날 법정기념일로 제정	정부가 '어린이 헌장'을 공포	어린이날 다시 살아남	일본이 어린이날 폐지	방정환 선생 사망

💡 함께 생각해요

- 방정환 선생님은 무슨 까닭으로 어린이날을 만들었을까요?

전쟁기념관에서
생각하는 6·25전쟁과 평화

여기는 어디야?

6·25전쟁은 1950년 6월 25일부터 1953년 7월 27일까지 일어난 우리나라와 북한 사이에서 일어난 전쟁이야. 서울시 용산구에 있는 전쟁기념관은 전쟁이 우리에게 어떤 비극을 가져다주었는지 알 수 있는 곳이지. 6·25전쟁뿐 아니라 전쟁은 많은 이들을 죽거나 다치게 하고, 마음에 큰 상처를 안겨 줘. 전쟁기념관을 둘러보며 평화의 소중함을 함께 새겨 보자.

주소 서울특별시 용산구 이태원로 29
전화번호 02-709-3081

 역사 달력

1950년 6월 25일 북한군 남한 침략

역사 인물

이우근(1934~1950)

이우근은 서울 동성중학교 3학년 때인 1950년에 6·25전쟁이 벌어지자 학도병으로 참전했어. 1950년 8월 10일, 포항여중 앞 전투에 참여했다 목숨을 잃었어. 그 뒤 이우근이 어머니에게 남긴 편지가 발견되면서 청소년이 겪어야 했던 전쟁의 고통이 공감을 얻게 되었어.

생생 역사 속으로

평화를 염원하기 위해 만든 전쟁기념관

서울시 용산구에 있는 전쟁기념관은 자유와 평화의 소중함을 알리고자
지난 1994년에 문을 연 박물관이야.
전쟁으로 목숨을 잃은 선열을 추모하는 호국추모실과 더불어 여러 전시실,
야외 전시장 그리고 어린이 박물관으로 꾸려져 있어.

전사자 명비

기념관으로 들어가기 전, 수많은 이름을
빼곡하게 새긴 기둥들이 늘어서 있어.
전쟁으로 목숨을 잃은 국군, 경찰관,
국제연합군들의 명복을 비는 전사자 명비야.

야외 전시장

야외 전시장에는 전투기, 탱크,
전차 같은 무기와 장비들이
무척 많이 전시되어 있어.
웅장한 크기에 압도당하는
기분이야. 이런 무기들이 다시는
쓰이지 않으면 좋겠어.

무기 대신 평화를 나누는 전시는 무엇이 있을까?

전쟁과 사람들

학도병

6·25전쟁 때 수십만 명에 이르는 청소년이
연필 대신 총을 들고 전쟁에 참여했어.
학도병, 소년병, 학도의용군이라 불린 이들은 많은 공을
세우기도 했지만, 목숨을 잃거나 아주 크게 다치기도 했어.

6·25전쟁 때 학도병 태극기야. 참전을 결의하면서 학도병들이 자기 이름과 각오를 적었어.

> 온 세계 모든 청소년이 다시는 어린 나이에 군복을 입는 일이 없으면 좋겠어.

국제연합군

전쟁기념관에는 부산에 있는 유엔기념공원을
영상으로 전시해 놓았어. 유엔기념공원은
세계에서 하나뿐인 국제연합군 묘지라고 해.
6·25전쟁 때 목숨을 잃은 군인들 가운데 고국으로
돌아가지 못한 시신 2천3백 구를 모셨어.
국제연합 참전 용사들은 열여섯 개 나라에서 모인
34만여 명에 이르는 군인들이었어.

유엔기념공원

이산가족

전쟁 통에 헤어진 식구들은 휴전 뒤에도
오랜 세월 동안 소식도 모른 채 살았어.
그러다 1971년부터 이산가족
찾기 운동이 펼쳐졌어.
그 뒤 1985년, 분단 뒤 처음으로
이산가족이 서울과 평양을 방문하며
남북 이산가족이 서로 만나게 되었어.

> 지금이야 통신과 인터넷이 발달하여 헤어진 식구들을 쉽게 찾을 수 있지만 40여 년 전에는 그러지 못했어.

전쟁기념관에서 여기는 꼭 들러 봐!
-형제의 상

방문 콕콕

전쟁기념관 입구에는 특별한 조형물이 있어.
전쟁에서 서로 적으로 만나 극적으로 서로를 알아보고
얼싸안은 〈형제의 상〉이란 작품이야.
이 내용은 실제 일어났던 일로, 영화 〈태극기 휘날리며〉를
통해 널리 알려졌어. 형은 국군 장교였고, 동생은 북한군에 잡혀가서
이등병으로 전투에 나서게 되었어. 강원도에서 치열한
전투 중 국군 장교인 형이 동생을 알아보고,
동생의 생명을 살린 거야. 그 뒤 형의 배려로 동생은
국군에 입대해서 형과 함께 지낼 수 있었어.
같은 형제끼리 서로에게 총을 겨눠야만 하는 전쟁이
다시는 일어나질 않길 바라며 이 조형물을 살펴보면 좋겠어.

두 개로 갈라진 한반도

1945년, 제2차세계대전에서 일본이 항복을 하며
우리나라는 광복을 맞았어.
하지만 북위 38도를 기준으로 북쪽에는 소련* 군대가,
남쪽에는 미국 군대가 들어오면서 신탁통치*가 시작되었어.
김구 선생을 비롯한 민족 지도자들이
한반도에 통일된 나라를 세우려고 나라 안팎에서
애썼으나 이념 대립으로 무산되고 말았어.
결국 남쪽에는 민주주의 체제의 '대한민국'이,
북쪽에는 사회주의 체제의 '조선민주주의인민공화국'이
들어서게 되었어.

* 소련 : '소비에트사회주의공화국연방'을 줄인 말.
* 신탁통치 : 스스로 다스릴 힘이 없다고 여기는 나라를 힘센
  나라가 대신 다스리는 것.

세 해에 걸친 전쟁, 그리고 휴전

전쟁의 시작

1950년 6월 25일, 북한군은 38선을 넘어 우리나라를 침략했어.
북한은 소련 도움을 받아 오랫동안 전쟁을 준비했고,
쳐들어온 지 사흘 만에 서울을 빼앗아.

전세를 역전시킨 인천상륙작전

북한군은 계속해서 남쪽으로 내려오며 공격했어.
경상도를 뺀 모든 지역이 북한군에 점령당했지.
고민 끝에 국군과 국제연합군은 바닷길로 인천에 들어가
북한군을 공격했어. 이 작전이 바로 인천상륙작전이야.
반격에 성공하면서 전쟁을 시작한 지
세 달 만에 서울을 되찾았어.

중국군 개입과 1·4후퇴

국군과 국제연합군은 평양을 비롯해 북한 땅 대부분을 점령했어. 이에 두려움을 느낀 중국이 1950년 10월에 군대를 보내며 전쟁에 개입했지. 중국군의 엄청난 공세에 국군과 국제연합군은 다시 서울을 포기하고 후퇴할 수밖에 없었어. 이를 1·4후퇴라고 해.

긴 협상 끝에 이루어진 휴전

그 뒤로 휴전선 부근에서 치열한 전투가 이어졌어. 1951년 7월 10일, 처음으로 휴전을 위한 회의가 시작되었어. 하지만 전쟁은 계속되었고 1953년 7월 27일이 되어서야 국제연합군과 중국군, 북한군 대표가 휴전협정에 서명하며 전쟁이 멈추었어.

전쟁이 남긴 피해

6·25전쟁으로 남북한 인구 3천만 명 가운데 4백만 명이 죽거나 다쳤어.
목숨을 잃거나 다친 군인들이 2백만 명 가까이 되었고,
식구와 헤어진 이산가족이 천만 명에 이르렀다고 해.
온 땅이 폐허가 되고, 공장과 논밭이 절반 넘게 사라졌어.
산업 시설도 대부분 파괴되었어.
전쟁은 영화나 게임이랑은 달라.
실제로 사랑하는 사람들이 죽고 모든 것을 잃어버리게 되지.

한반도는 70년이 지난 지금까지 휴전 상태로 지내고 있어. 온 세계에서 하나뿐인 분단국가야.

역사 배경지식 쏙쏙

📖 화가 피카소가 그린 6·25전쟁

스페인 화가 파블로 피카소가 6·25전쟁을 바탕으로 그린 작품이 있어. 바로 〈한국에서의 학살〉이야. 불타고 황량해진 전쟁터에 여인과 아이들, 그리고 이들에게 총을 겨누는 군인이 있지. 이 그림은 전쟁이 일어나면 어린이와 여성이 까닭도 모른 채 목숨을 잃을 수 있다는 것을 표현했어. 지금도 세계 곳곳에서 이런 일이 실제로 일어나고 있어. 하루 빨리 전쟁이 끝나고 지구에 평화가 오기를 함께 기원하자.

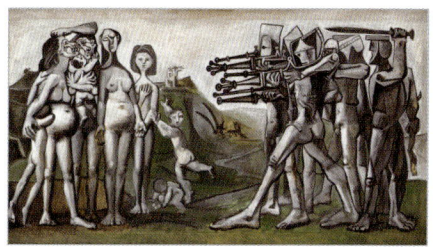

파블로 피카소, 〈한국에서의 학살〉, 1951

🕐 주제로 보는 한국사 연표 : 6·25전쟁

- **1948년** 8월 15일 대한민국 정부 수립
- **1948년** 9월 9일 조선인민민주주의공화국 수립
- **1949년** 10월 1일 중화인민공화국 수립
- **1950년** 6월 25일 북한군, 남한 침략
- **1950년** 7월 7일 국제연합 안전보장이사회, 국제연합군 참전 결정
- **1950년** 9월 15일 인천상륙작전
- **1951년** 국제연합군 서울 철수 (1·4후퇴)
- **1951년** 7월 10일 개성에서 휴전 회담 시작
- **1952년** 10월 6일 백마고지 전투
- **1953년** 7월 27일 휴전협정 조인

💡 함께 생각해요

• 전쟁기념관 이름을 바꾸자고 제안하는 사람들이 많습니다.
  전쟁기념관 이름을 바꾼다면 어떤 이름으로 하면 좋을까요?

7월 대한민국역사박물관에서
만나는 제헌절과 헌법

여기는 어디야?

대한민국의 주인은 누구일까?

그 답을 알려 주는 법이 있어. 바로 헌법이야.

헌법은 나라의 법 가운데 으뜸인 법으로

대한민국의 주인은 누구인지,

대한민국은 어떤 나라를 꿈꾸는지 알려 주거든.

제헌절은 1948년 7월 17일 대한민국 헌법 제정을 기념하는 국경일이야.

제헌절을 맞아 대한민국역사박물관에서

헌법의 참뜻을 되새겨 볼까?

주소 서울특별시 종로구 세종대로 198
전화번호 02-3703-9200

역사 달력

1948년 7월 17일 제헌절

역사 인물

김규식(1881~1950)

김규식은 학자이자 일제강점기 때 해외에서 활동한 독립운동가야. 해방 뒤 우리나라가 분단되는 걸 막기 위해 끊임없이 노력했어.

생생 역사 속으로

대한민국역사박물관에서 찾아보는 헌법 자료

대한민국역사박물관은 대한민국의 시작과 발전을 이끌어 온 우리 국민들의 여러 역사 경험을 함께 나누고 공감할 수 있는 역사 문화 공간이야. 우리 역사의 주역인 보통 사람들의 삶과 시대 변화를 다채롭게 볼 수 있어.

상설 전시 가운데 하나인 역사관은 시대별로 나뉘어 있어. 1부에서는 자유, 평등, 독립을 꿈꿨던 1894년부터 1945년까지, 2부에서는 해방과 정부 수립, 6·25전쟁을 겪고 민주화를 위해 애썼던 1945년부터 1987년까지의 역사를 살펴볼 수 있어. 3부에서는 1987년 6월민주항쟁부터 우리나라의 민주화와 세계화, 그리고 남북 관계의 변화를 다루고 있어.

중앙청 국회의사당에서 열린 제헌국회 개회식 사진.

초대 대통령과 부통령, 장관들이 담긴 포스터.

1948년 5월 10일 남한 총선거를 홍보하는 포스터야. 독립문을 지나 군정청에 선거하러 가는 사람들이 그려져 있어.

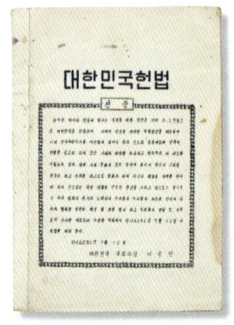

제헌헌법이 실린 책자야. 책 표지에는 헌법 전문(여는 글)이 적혀 있어. 오늘날의 헌법은 9차 개정 헌법이지만, 그 기본 방향과 정신은 제헌헌법에서 비롯되었어.

여러 번 바뀌어 온 우리 헌법

처음 제헌헌법과 지금 우리 헌법은 조금 달라. 1948년부터 1987년까지 아홉 차례나 바뀌었거든. 이 과정 속엔 민주주의를 위해 싸운 국민들의 피와 눈물이 담겨 있어. 함께 살펴볼까?

① 제헌헌법(1948)

대한민국임시정부의 첫 헌법인 '대한민국 임시헌장'을 이어받아 대한민국 제헌헌법이 공포*되었어.

② 1차 개헌(1952), 2차 개헌(1954)

초대 대통령 이승만과 그 정부는 계속 정권을 유지하고 싶었어. 그래서 대통령 선거를 직접선거로 바꾸고 첫 대통령만 대통령을 한 번 더 할 수 있도록 헌법을 바꾸었어.

* 공포: 나라에서 새로 정한 법률이나 조약 같은 것을 국민에게 알리는 것.

③ 3, 4차 개헌(1960)

이승만 정부의 독재에 맞서 일어난 4·19혁명을 통해 헌법은 더욱 민주적으로 바뀌었어. 국민의 기본권이 강화되었고 헌법재판소, 중앙선거관리위원회가 생겼어.

④ 5차 개헌(1962), 6차 개헌(1969), 7차 개헌(1972)

박정희가 군사 정변을 일으키며 민주주의는 뒷걸음질 쳤어. 국민 기본권과 국회의 권한을 억누르고 대통령을 세 번 할 수 있도록 헌법을 바꾸었어.

⑤ 8차 개헌(1980)

박정희가 죽고 권력을 잡은 전두환은 헌법을 바꾸어 대통령을 간접선거로 뽑고 임기를 7년으로 늘리도록 했어.

⑥ 9차 개헌(1987)

6월민주항쟁으로 민주화를 향한 국민들의 피와 땀이 마침내 열매를 맺었어. 대통령 임기는 5년으로 한 번만 할 수 있게 했고 국민 기본권과 국회 권한을 강화했지. 국민투표를 거쳐 바뀐 이 헌법은 지금까지 이어지고 있어.

대한민국역사박물관에서 여기는 꼭 들러 봐! -옥상 정원

방문 콕콕

대한민국역사박물관은 광화문 한복판에 자리한
박물관으로 조선 시대부터 지금에 이르기까지 수도인
서울의 역사를 생생하게 살펴볼 수 있는 곳이야.
특히 박물관 8층에 있는 옥상 정원은 광화문 거리를 비롯해
경복궁과 청와대까지 한눈에 들어와서 많은 사람들이 즐겨 찾는 명소야.
이곳에서 기념사진을 찍어 봐도 좋겠어.
광화문 광장은 4·19혁명을 비롯해 촛불 집회처럼
살아 있는 역사가 생생하게 펼쳐진 곳이야.
이곳에서 민주주의를 이뤄 낸 대한민국의 역사와
마주해 보는 것도 좋겠어.

한 나라의 으뜸이 되는 법, 헌법

헌법에는 한 나라의 역사와 법의 기본 원칙이 담겨 있어.
우리나라 제헌헌법에는 여는 글에
대한민국이 3·1운동의 독립 정신과 대한민국임시정부의
정통성을 이어받아 세운 나라라고 밝혔어.
그리고 자유와 평등, 정의의 가치관을 이루기 위해 국민의 기본권을 지키고,
권력을 나누어 민주주의 국가를 만들겠다고 선언했지.
이는 대한민국의 주인은 특별한 누군가가 아닌 바로 우리들, 국민이라는 뜻이야.

대한민국(제헌)헌법(1948.7.17.제정)

전문

유구한 역사와 전통에 빛나는 우리들 대한국민은 기미 삼일운동으로 대한민국을 건립하여 세계에 선포한 위대한 독립정신을 계승하여 이제 민주독립국가를 재건함에 있어서 정의인도와 동포애로써 민족의 단결을 공고히 하며 모든 사회적 폐습을 타파하고 민주주의제도를 수립하여 정치, 경제, 사회, 문화의 모든 영역에 있어서 각인의 기회를 균등히 하고 능력을 최고도로 발휘케 하며 각인의 책임과 의무를 완수케 하여 안으로는 국민생활의 균등한 향상을 기하고 밖으로는 항구적인 국제평화의 유지에 노력하여 우리들과 우리들의 자손의 안전과 자유와 행복을 영원히 확보할 것을 결의하고 우리들의 정당 또 자유로이 선거된 대표로써 구성된 국회에서 단기 4281년 7월 12일 이 헌법을 제정한다.

제1장 총강
제1조 대한민국은 민주공화국이다.
제1조 대한민국의 주권은 국민에게 있고 모든 권력은 국민으로부터 나온다.

나라 이름도 대한제국이 아닌 대한민국으로 정했어. 대한제국의 '제'는 나라 주인이 황제라는 뜻이지만, 대한민국의 '민'은 국민이 나라 주인이라는 뜻이거든.

우리 헌법이 만들어진 과정

광복, 그리고 두 개의 정부

1945년에 광복을 맞은 우리나라는 독립된 나라를 세우고자 했어. 하지만 그 꿈은 쉽게 이뤄지지 못했어. 미군과 소련군이 한반도를 38도선 경계로 나누어 남쪽과 북쪽을 따로 점령했고, 3년 동안 통치했거든. 힘센 두 나라 사이에 낀 우리나라 국민들도 혼란을 겪었고 결국 1948년, 남한과 북한이 따로 정부를 세우게 되었어.

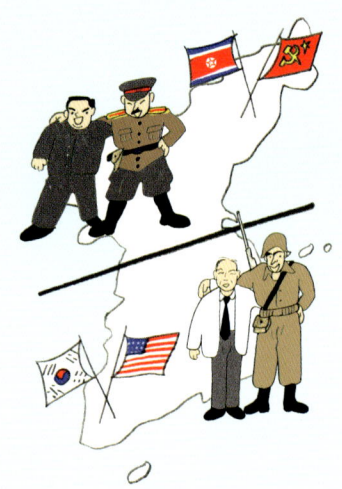

대한민국 첫 민주 선거, 5·10총선거

1948년 5월 10일, 남쪽에서는 정부를 세우기 위해 필요한 국회의원을 뽑는 선거가 열렸어. 선거권이 있는 784만 명 가운데 95퍼센트나 투표할 만큼 독립된 정부에 대한 사람들의 바람은 몹시 컸어. 이 선거로 모두 200명의 제헌국회의원을 뽑았어. 뒤이어 북쪽도 8월에 최고인민회의 대의원을 뽑는 선거를 치렀지. 하지만 남한과 북한이 따로 치른 반쪽짜리 선거라 아쉬움이 남아.

대한민국 헌법이 생기다

총선거가 끝난 뒤, 우리나라 첫 국회가 열렸어. 제헌국회의원들은 독립된 나라를 어떻게 만들어 갈지 의논하며 헌법을 만들기 시작했어. 그리고 1948년 7월 17일, 국회는 대한민국 헌법을 공포하고 간접선거를 통해 이승만을 대통령으로, 이시영을 부통령으로 뽑았어.

역사 배경지식 쏙쏙

 ## 국민의 기본권을 지키는 곳, 헌법재판소

헌법재판소는 국회, 대통령, 법원과 더불어 국가 최고기관 가운데 하나야. 헌법재판소에서는 국가가 하는 일들이 국민의 권리를 침해하지는 않는지, 법률이 헌법에 어긋나지는 않는지 판단해. 헌법을 통해 국민의 권리를 보장하고 민주주의를 지키는 기관이지. 헌법재판소에는 9명의 재판관이 있어.

지난 2017년 박근혜 대통령 탄핵을 결정한 것도 헌법재판소였어.

 ## 주제로 보는 한국사 연표 : 제헌절

1945년 - 8·15광복
독립을 맞이하고 새로운 나라를 세우기 위해 조선건국준비위원회를 세움

1945년 - 모스크바3상회의
38도선을 경계로 미군과 소련군이 5년 동안 우리나라를 대신 통치하기로 결정. 국민들 사이에 좌우 대립 심해짐

1946년 - 미소공동위원회 개최
여운형과 김규식을 중심으로 좌우합작위원회를 만듦

1947년 - 여운형 암살로 좌우합작 실패

1947년 - 미소공동위원회 결렬, 국제연합 총회에서 한반도 총선거

1948년 - 김구, 김규식 남북협상 제의
김구가 '3천만 동포에게 읍고함'을 발표

1948년 - 5·10총선거
남한에서 제헌국회 총선거가 열리고, 제헌국회가 세워짐

1948년 - 7월 17일 대한민국 제헌헌법 공포

1948년 - 8월 15일 대한민국 정부 수립

1948년 - 9월 9일 조선민주주의인민공화국 정부 수립

 ## 함께 생각해요

- 대한민국의 주인은 누구일까요?
- 여러분이 만들고 싶은 대한민국의 미래는 어떤 모습인가요?

8월

민족의 아픔이 서려 있는
서대문형무소역사관

여기는 어디야?

서대문형무소역사관은 1908년 10월 '경성감옥'이라는 이름으로 처음 문을 열었어. 일본이 독립운동가들을 잡아 가두려고 지은 곳이야. 3·1운동 때 너무 많은 사람들을 잡아들여서 감옥을 더 넓히기도 했어. 일제강점기 동안 유관순, 한용운, 김구 같은 수많은 독립운동가들이 갇혀 있었어. 그래서 서대문형무소역사관에는 독립을 위해 희생한 분들의 자취가 고스란히 남아 있어. 광복절을 맞아 서대문형무소역사관으로 함께 가 보자.

주소 서울특별시 서대문구 통일로 251 서대문형무소역사관
전화번호 02-360-8590

역사 달력

1945년 8월 15일 광복절
1948년 8월 15일 대한민국 정부 수립

역사 인물

유관순(1902~1920)

유관순은 일제강점기 때 독립운동가야. 아우내 장터에서 만세운동을 이끌다가 서대문형무소에 갇혔어. 감옥에서도 독립의 뜻을 굽히지 않고 만세운동을 벌였어.

생생 역사 속으로

가슴 아픈 역사를 품은 현장

서대문형무소는 처음 지을 때부터 사람들을 쉽게 감시할 수 있도록 만들었어.
독립운동가들이 서로 만나지 못하게 떨어뜨려 놓고, 몸과 마음을 괴롭혔지.
그러나 독립운동가들은 모진 고통을 겪으면서도 독립의 뜻을 굽히지 않았어.
광복 뒤에도 1987년까지 많은 민주화운동가들을 가두는 감옥으로 쓰였어.

독립운동가가 옮겨갈 때 사람들에게 독립운동가의 얼굴을 보여 주지 않으려고 얼굴에 '용수'라는 걸 씌웠어.

중앙사

옥사 전체를 감시하고 통제하는 건물이야.
옥사들이 중앙사를 중심으로 연결돼 있어서
모든 옥사가 한눈에 다 보여.

옥사

감방이 모여 있는 건물이야.

감방

안창호, 김정련 선생이
감방 벽을 사이에 두고
독립운동 계획을 주고받는
모습을 재현해 놓았어.

격벽장

수감자들이 운동하는 곳이야.
운동 시간에도 서로 이야기하지
못하도록 벽을 세워 놓았어.

여옥사

여성 독립운동가들만 따로 가두던 곳이야.
유관순 열사도 이곳 8호 감방에 갇혀 있다
고문 후유증으로 돌아가셨어.

사형장

사형을 집행하던 곳이야.
담장으로 둘러싸고 있어서
서대문형무소 안에서도
보이지 않게 되어 있어.

서대문형무소역사관에서 여기는 꼭 들러 봐! -민족저항실2

민족저항실2에는 독립운동가들의 수형기록카드
4,800여 장이 전시되어 있어.
수형기록카드에는 수감자의 사진을 비롯해 이름, 가명,
죄명, 나이, 키와 몸무게 같은 것들이 적혀 있어.
이곳에서 독립운동가 한 분 한 분의 모습을 찬찬히 바라보고
묵념을 해 보면 좋겠어. 우리가 잘 아는 독립운동가 말고도
얼마나 많은 분들이 나라의 독립을 위해 희생했는지 잊지 않았으면 해.

독립운동가 도산 안창호 선생의 수형기록카드

독립을 맞고 다음 날인 1945년 8월 16일 서대문형무소 앞에서 찍은 사진이야. 만세를 외치는 사람들에게서 감격과 기쁨이 느껴지지?

독립이 찾아온 날 '광복절'

1945년 8월 15일, 일본은 태평양전쟁에서 지고 무조건 항복을 했어.
이로써 제2차세계대전이 끝나고, 우리나라는 35년 동안 이어진 일제강점기가 끝났어.
일왕은 8월 15일에 항복을 선언했지만, 우리 국민들은 하루 늦게 소식을 알게 되었어.
당시 통신이 발달하지 않았고, 일제가 제대로 알리지 않고 도망쳤기 때문이야.
8월 16일에 비로소 온 땅에 독립을 기뻐하는 만세 소리가 울려 퍼졌어.

새로운 나라를 준비해 온 여운형 선생과 '조선건국준비위원회'

몽양 여운형 선생은 일제강점기 때
독립운동가로 우리 민족의 지도자 역할을 했어.
그때만 해도 일본의 식민 지배는 끝없이 이어질 것만 같았지.
하지만 여운형 선생을 비롯해 많은 독립운동가들이
새로운 나라를 준비하고 있었어.
독립한 다음 날, 여운형 선생은 휘문중학교에서
새롭게 만들어 갈 나라에 대해 이야기했어.
그리고 독립운동가들과 함께 '조선건국준비위원회'를 꾸린 뒤
교통, 통신, 금융, 식량 문제를 해결하기 위해 노력했지.
우리나라가 완전한 독립 국가가 될 수 있도록 힘썼어.

> 지난날의 아프고 쓰라린 것들은 이 자리에서 잊어버리고 이 땅에 합리적이고 이상적인 낙원을 건설해야 합니다.

김구 선생이 일본 항복 소식을 듣고 땅을 친 까닭은?

김구 선생은 독립이 되었다는 소식을 듣고서 땅을 치며 아쉬워했어.
일본의 항복으로 광복을 맞아 기쁘지만 오롯이 우리 힘으로
독립한 것이 아니기에 조국의 미래가 불안하다고 생각했거든.
특히 대한민국임시정부에서는 한국광복군을 만들고,
우리 땅에서 일본을 몰아낼 작전을 준비해 왔기 때문에
더욱 안타까움이 컸지.

아, 일본이 항복하다니. 이 소식은 반갑기도 하지만 또 한편으로 생각해 보면 하늘이 무너지고 땅이 꺼지는 소식이다.

한국광복군은
미군과 연합하여 일본에 맞서는
'독수리 작전'을 준비했어.
그러나 작전을 코앞에 두고
일본이 무조건 항복을 선언하는
바람에 작전을 실행하지는 못했어.

우리 힘으로 얻은 독립이 아니었기에……

독립을 맞이하자 미군과 소련군은 38도선을 경계로
한반도 남쪽과 북쪽에 따로따로 들어왔어.
그리고 혼란스러운 남한과 북한을
당분간 직접 통치하겠다고 했지.
대한민국임시정부와 독립운동가들은 나라 안팎에서
목숨을 걸고 독립을 위해 싸웠지만,
정작 새 나라를 세우는 데 역할을 할 수 없었어.
결국 남쪽은 1948년 5월 10일에 총선거를 치러
대한민국을 세웠고, 북한은 1948년 9월에
조선민주주의인민공화국을 세우면서
한반도는 남과 북으로 갈라지게 되었어.

역사 배경지식 쏙쏙

독립운동가를 도운 일본 사람들

일제강점기 동안 우리나라가 일본한테 많은 고통을 당했지만 일본 사람 가운데는 우리 독립을 도운 사람들도 있어. 우리나라 독립운동에 참여하다 서대문형무소에 갇힌 미야케 사카노스케 교수와 독립운동가를 변호한 후세 다쓰지 변호사 같은 분들이야. 후세 다쓰지 변호사는 독립운동을 도운 공로가 인정돼 건국훈장을 받았어.

후세 다쓰지 변호사

주제로 보는 한국사 연표 : 독립운동

1910년 경술국치 — 한일강제병합조약 발표. 일제강점기가 시작됨

1919년 3·1운동

1919년 대한민국임시정부 수립

1920년 봉오동 전투 — 독립군 연합 부대가 중국 지린성 봉오동 계곡에서 일본군과 싸워 크게 이긴 전투

1920년 청산리 전투 — 독립군 연합 부대가 두만강 상류에 있는 청산리 일대에서 일본군과 싸워 크게 이긴 전투

1939년 제2차세계대전 시작

1940년 한국광복군 창설 — 대한민국임시정부가 중국에 흩어져 있던 병력을 모아 한국광복군을 창설함

1941년 태평양전쟁 — 1941년 일본이 미국 진주만을 기습 공격하며 시작되어 1945년 일본의 무조건 항복으로 끝남

1945년 광복

1948년 대한민국정부 수립 — 1948년 8월 15일 임시정부 법통을 계승한 대한민국정부 수립

함께 생각해요

- 김구 선생의 바람처럼 '독수리 작전'이 성공해서 우리 힘으로 독립을 맞았다면 어땠을까요?

근현대사기념관에서 만나는 한국광복군

9월

여기는 어디야?

서울 북한산 자락에 근현대사기념관이 자리하고 있어.

2016년에 문을 열었는데 헌법에 담긴 '자유, 평등, 민주' 정신이

우리 조상들이 피땀 흘려 얻은 소중한 가치임을

전하기 위해 만들어졌어.

일본과 맞서 싸운 독립운동가들과 민주주의를 위해 독재 권력과 맞선

민주화운동가들이 바란 나라가 우리가 사는 대한민국임을 알리려는 거야.

근현대사기념관과 그 둘레길에서는 우리나라 국군의 시작인

한국광복군이 걸어온 소중한 발자취도 살펴볼 수 있어.

주소 서울특별시 강북구 4·19로 114
전화번호 02-903-7580

 ## 역사 달력

1940년 9월 17일 한국광복군 창설

역사 인물

장준하(1918~1975)

장준하 선생은 일제강점기 한국광복군으로 활동한 독립운동가야.
해방 뒤, 민주주의를 위해 독재와 맞서 싸운
민주화운동가이기도 해.

생생 역사 속으로

우리나라 국군의 시작 '한국광복군'

대한민국임시정부는 여러 독립군 부대를 모아 1940년 9월 17일에 한국광복군을 만들었어. 근현대사기념관 상설전시관 A존에서 한국광복군 연대기를 한눈에 살펴볼 수 있어.

상설전시관 내부 모습

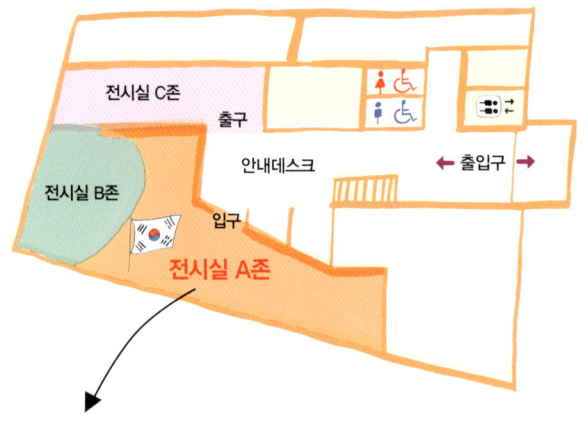

전시실 A존
조선 말기 동학농민운동부터 항일의병운동, 대한민국임시정부 활동까지 독립운동의 자취를 관람할 수 있어.

전시실 B존
일제강점기부터 해방을 맞이하기까지의 이야기를 영상으로 볼 수 있어.

전시실 C존
해방 뒤 새로운 국가를 건설하려는 노력부터 이승만의 독재에 맞서 민주주의를 쟁취하고자 했던 4·19혁명까지의 역사를 만날 수 있어.

이곳에서 만나는 한국광복군의 흔적

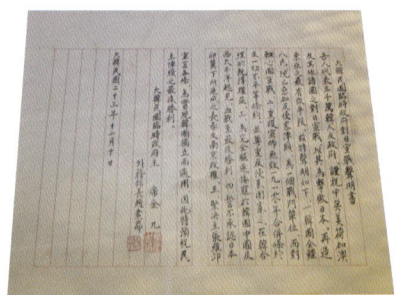

대한민국임시정부 대일선전성명서(1941)
일본이 태평양전쟁을 일으키자 대한민국임시정부는 곧바로 일본에 전쟁을 선포하고, 연합군의 일원으로 국제 활동을 펼쳤어.

한국광복군 서명문 태극기(1945)
한국광복군 문웅명이 동료 이정수에게 선물로 받은 태극기야.

한국광복군 단원들과 사진도 찍을 수 있어.

압록강 행진곡

우리는 한국 독립군 조국을 찾는 용사로다
나가! 나가! 압록강 건너 백두산 넘어가자
진주 우리나라 지옥이 되어 모두 도탄에서 헤매고 있다
동포는 기다린다 어서 가자 고향에
동포는 기다린다 어서 가자 조국에

광복군들이 부른 〈압록강 행진곡〉이야. 이 노래를 작곡한 한형석 선생은 예술로 독립운동을 했어.

기념관에서 출발해 독립 산책 한 바퀴

근현대사기념관 둘레에는 '초대길'이라는 길이 있어. 1.3킬로미터 되는 이 길에 독립을 위해 애쓴 분들을 모셨지. 헤이그 특사였던 이준 열사, 대한민국임시정부에서 법무총장을 지낸 이시영 선생과 신익희 선생의 묘역이 있어. 광복군 합동 묘역도 있었는데 지난 2022년, 대전현충원으로 옮겨 모셨어.

이준 열사 묘역

근현대사기념관에서 여기는 꼭 들러 봐! -독립민주기념비

근현대사기념관 앞에는 시민들이 스스로
성금을 모아 만든 독립민주기념비가 세워져 있어.
백범 김구 선생 조각상을 비롯한 독립운동가, 그리고
민주화운동가들의 정신과 민주주의를 나타내는 조형물이야.
우리나라 독립과 민주주의를 지키기 위해 피땀 흘린 이들의
위대한 헌신을 잊지 말자는 뜻이 담겨 있어.
이곳에서 우리나라의 중요한 역사적 순간과 인물들을 살펴보면 좋겠어.

한국광복군 결성식
광복군에는 남성뿐 아니라
여성도 있었어.
동그라미 안을 보면
오광심, 조순옥, 김정숙,
지복영 선생이 보여.

한국광복군의 탄생

1919년에 수립된 대한민국임시정부는 1920년에 일본에 '독립전쟁'을 선포했어.
외교를 통한 독립운동에 그치지 않고, 무장투쟁을 통해 우리 힘으로 독립을 이루고자 한 거야.
그래서 1920년 3월에 육군무관학교를 세웠고, 미국 샌프란시스코에
비행사 양성소를 세우기도 했어. '국군'을 만들겠다는 임시정부의 오랜 바람은
1940년 중국 충칭에서 한국광복군을 창설하면서 결실을 맺었어.

흩어진 독립군에서 하나의 광복군으로

총사령관 지청천이 이끄는 한국광복군은 1920년대부터 만주와 연해주에서 무장투쟁을 하던
독립군을 계승했어. 여러 지역에서 활동하던 독립군을 모아 중국에서 군사 교육을 실시했지.
또 광복군이 활동하고 있다는 사실을 나라 안 동포들에게 알려 독립 의욕을 높였어.
한국광복군을 처음 창설했을 때는 적은 숫자였지만 그 뒤 젊은이들이 꾸준히 입대하고
김원봉이 이끌던 조선의용대가 일부 합류하면서 700여 명까지 늘어났어.

독립군 → 한국광복군

한국광복군이 부대를 만들어 훈련을 하고, 작전을 펼칠 곳을 붉은 점으로 표시했어.

한국광복군의 국제 활동

대한민국임시정부는 1941년 태평양전쟁이 일어나자 일본에 선전포고를 했어.
이후 한국광복군은 연합군으로 영국군, 미군과 합동작전도 펼쳤어.
한국광복군은 중국군과 함께 일본에 대항하는 한편,
1943년 8월 인도-버마(지금의 미얀마) 임팔 전투에 공작대를 파견하여
1945년 7월까지 영국군과 함께 일본에 맞서 싸웠어.
또 일본군에 대한 심리전도 하고, 첩보 활동을 펼치기도 했어.

반가운 카이로 선언, 그러나……

'카이로 선언'은 미국, 영국, 중국 대표가
이집트 카이로에 모여 제2차세계대전에 관한
여러 가지 문제를 의논해 발표한 선언이야.
대한민국임시정부와 한국광복군의 국제 활동
덕분에 1943년 '카이로 선언'에서
한국의 독립이 결의되었어.
우리나라를 독립시킨다는 내용이
담겨 있었지만 안타깝게도 강대국들은
이 약속을 지키지 않았어.

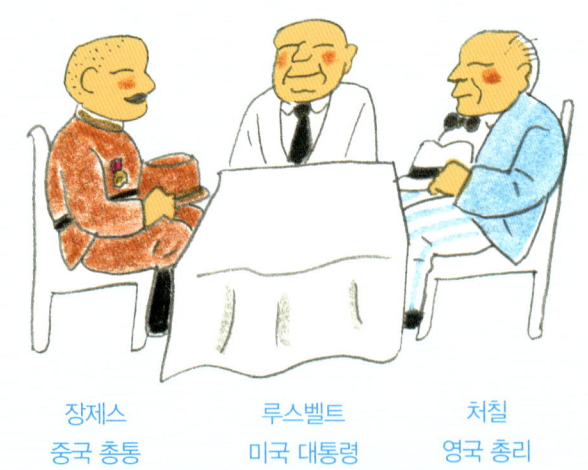

장제스
중국 총통

루스벨트
미국 대통령

처칠
영국 총리

📖 우리 문화를 잃지 않기 위해

한국광복군은 여러 소식지도 만들었는데 문화와 관련한 잡지도 있었다고 해. 김구 선생님은 "전쟁을 준비하면서도 절대로 문화를 잃어서는 안 된다."고 말씀하셨어. 우리 땅을 되찾아도 우리 문화가 없다면 진정한 의미의 독립을 이룰 수 없다고 생각했기 때문이야.
잡지 〈광복〉은 1941년 2월부터 한국어와 중국어로 다달이 펴냈어. 지복영, 오광심, 조순옥 같은 여성 광복군들이 원고를 쓰고 번역을 했어.

잡지 〈광복〉

 ## 주제로 보는 한국사 연표 : 한국광복군

1919년 — 연통제 조직
대한민국임시정부의 국내외 업무 연락을 위해 비밀행정조직인 연통제를 만듦

1919년 — 파리강화회의
프랑스 파리에서 열린 파리강화회의에 독립운동가 김규식이 탄원서를 제출

1919년 — 구미위원부 결성
대한민국임시정부에 속하여 구라파(유럽)와 미국에서 외교 활동을 하기 위해 만듦

1945년 — 국내진공작전(독수리 작전) 계획
일본의 무조건 항복으로 1945년 8월 15일 광복. 작전 실행을 코앞에 두고 실시하지 못함

1941년 — 일본에 대한 선전포고 발표
대한민국임시정부는 태평양전쟁이 일어나자 1941년 12월 10일 대일선전포고를 발표

1940년 — 한국광복군 창설

1931년 — 한인애국단 조직
김구 선생이 만든 항일독립운동 단체. 일본의 주요 인물을 암살하려는 목적으로 만듦

 ## 함께 생각해요

• 독립운동가와 민주화운동가들이 꿈꾸던 나라는 어떤 나라였을까요?

10월

한글의 역사를 만날 수 있는
한글가온길

# 여기는 어디야?

서울시 종로구에 있는 한글가온길에서는

한글과 마주하는 특별한 여행을 할 수 있어.

한글은 오늘날 세계에서 가장 뛰어난 문자로 인정받았어.

매우 독창적이고 과학적이며, 쓰기 편하기 때문이야.

그러나 100여 년 전만 하더라도 나라의 중요한 문서는 한자로 썼고,

한글을 천한 글로 여겼지. 그러다 일제강점기 때

한글의 가치를 깨닫고, 한글과 나라를 함께 지켜 내고자 했던

사람들이 나타났어. 그들이 누구인지 한글가온길에서 만나 보자.

 주소 서울특별시 종로구 세종대로 둘레
전화번호 02-738-2236(한글학회)

역사 달력

1926년 11월 4일   가갸날(음력 9월 29일) 제정
1946년 10월 9일   한글날

역사 인물

주시경(1876~1914)

주시경 선생은 개화기의 국어학자이자 독립운동가야.
일본의 감시와 탄압 속에서도 우리말과
글을 지키기 위해 노력했어.

생생 역사 속으로

한글의 역사와 마주하는 길

한글가온길은 한글(훈민정음) 2012년 창제 570돌을 맞아
한글의 우수성을 알리기 위해 서울 세종대로 일대에 꾸민 길이야.
광화문광장에 있는
세종대왕상에서 출발해 한글글자마당,
주시경 집터, 주시경마당을 거쳐
한글이야기 열 마당 벽화,
한글학회까지 거닐면서
한글의 역사를 만나 보자.

1926년 11월 4일
'가갸날'로 시작한
'한글날'은 해방 뒤에
10월 9일로 바뀌었어.
2006년부터는
국경일이 되었지.

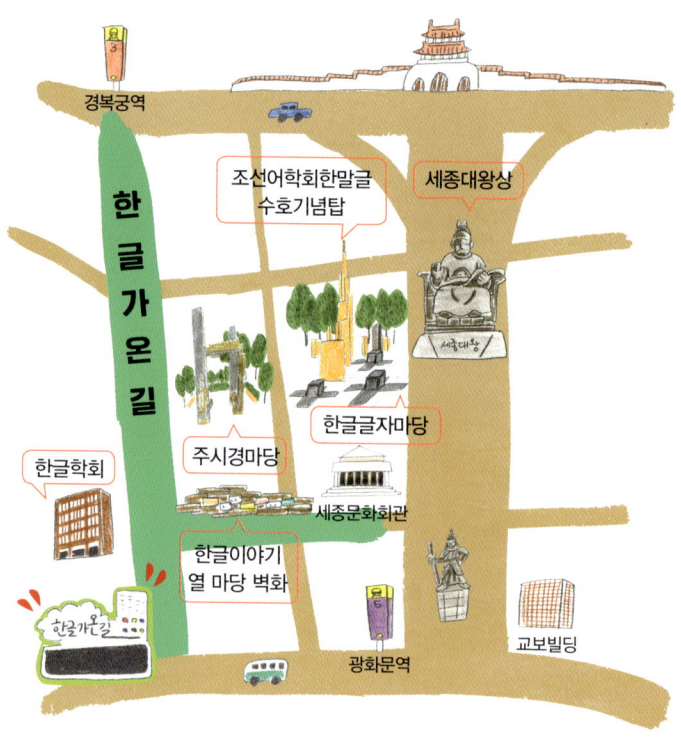

광화문광장-세종대왕 동상

세종대왕은 백성들이 글을 쉽게 익혀 억울한 일
없이 살길 바라는 마음으로 집현전 학자들과
함께 '훈민정음'을 만들었어.
이를 기리고자 2009년 한글날에
세종대왕 동상을 광화문광장에 세웠어.
세종대왕이 왼손에 든 책은 훈민정음을 만든
까닭과 원리를 밝힌 〈훈민정음 해례본〉이야.

주시경마당

주시경마당에는 한글을 통해
우리 겨레의 얼을 지키고
독립을 꿈꾼 주시경 선생과
호머 헐버트 박사를 기리는
조형물이 있어.
헐버트 박사는 한글로 된 교과서를
처음으로 썼고, 순 한글 신문인
〈독립신문〉 창간에도 참여했어.

한글이야기 열 마당 벽화

한글에 얽힌 재미난 이야기들과 한글을
지켜 온 사람들, 그리고 한글의 미래에
관한 이야기를 벽화로 꾸며 놓았어.

한글학회

한글학회는 1921년 우리 말과 글을 연구하기 위해
주시경 선생의 제자들이 중심이 되어 '조선어연구회'라는
이름으로 시작한 단체야. 1931년에 '조선어학회'로
이름을 바꿨어. 전국을 다니며 한글 강습회를 열었고,
조선어 사전을 만들기 위해 노력했어.
일본에 의한 '조선어학회 사건'으로
강제로 흩어졌다가 광복 뒤 다시 모여
'한글학회'로 이름을 바꾸었지.
한글학회는 지금도 한글을 지키기
위해 힘쓰고 있어.

주시경 선생 흉상

한글가온길에서 여기는 꼭 들러 봐!
-세종로공원 한글글자마당

방문 콕콕

한글로 만들 수 있는 글자는 모두 몇 개일까?
무려 11,172자를 만들 수 있다고 해.
한글글자마당에 가면 이 모든 글자가
새겨진 돌들을 볼 수 있어.
또 '조선어학회한말글수호기념탑'도 볼 수 있어.
이 탑은 1942년 10월부터 벌어진 '조선어학회 사건'으로
돌아가신 애국선열 33인을 기리기 위해 세웠어.
이분들의 용기와 희생이 없었다면
엄혹했던 일제강점기 시절 우리말을 지켜 낼 수 없었을 거야.

우리나라 국민 11,172명이 저마다 한 글자씩 써서 모두 다른 글씨로 여기에 새겼어.

'훈민정음'이 나랏말이 아니었다고?

훈민정음을 만든 뒤로도 오랫동안 우리나라
공식 글자는 한자였어.
하지만 조선 후기 무렵에는 훈민정음이 널리
퍼져 많은 사람들이 쓰게 되었지.
1894년 고종은 훈민정음을 나랏글로 정했어.
한글이 만들어진 지 450년 만에
비로소 나랏말 자격을 얻게 된 거야.

고종

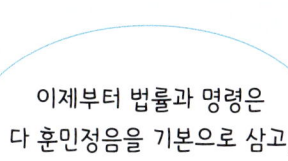
이제부터 법률과 명령은 다 훈민정음을 기본으로 삼고, 한자를 덧붙여 사용한다.

'한글'이라는 이름은 누가 지었을까?

한힌샘 주시경 선생은 개화기 국어학자야.
어릴 때 서당에서 한문을 배울 때, 우리글이 있는데 왜 어려운 한문을
써야 하는지 고민했다고 해. 그 뒤 아름다운 우리글의 가치를 깨닫고
열심히 공부하고 사람들에게 가르쳤어.
일제강점기 시절 우리 말과 글을 지키는 것이 나라를 지키는 거라 생각했지.
그래서 1913년 우리 글자를 '하나의 크고 위대한 글',
한글이라 부르자고 했어.

자기 나리를
보존하며 자기 나라를
일으키는 길은 나라의 바탕을
굳세게 하는 데 있고,
나라의 바탕을 굳세게 하는
길은 자기 나라의 말과
글을 존중하여
쓰는 것이다.
-주시경-

일제강점기 때 우리말을 무척 탄압했어. 그럼에도 주시경 선생은
한글 학교인 '한글배곧'을 만들어 꿋꿋이 한글을 가르쳤어.

주시경의 뜻을 이어 나간 조선어학회

주시경 선생이 세상을 떠난 뒤, 제자들은 '조선어학회'라는 단체를 통해 우리 말과 글을 지켜나갔어. 이들은 한글 맞춤법과 문법을 정리하고, 지역마다 다르게 쓰는 말들을 정리해 표준어를 정하고자 했지. 사전 편찬에 필요한 낱말들을 모으는 일도 했어. 또 일본의 감시 속에서도 많은 사람들에게 한글을 가르쳤고, 잡지 〈한글〉을 펴냈어.

잡지 〈한글〉

조선어학회 사건

《조선말 큰사전》 만들기에 한창이던 1942년 10월, 일본 경찰이 우리나라 학생이 한글로 쓴 일기를 발견하고 그 학생의 교사였던 정태진을 포함해 모든 조선어학회 회원들을 잡아갔어. 많은 분들이 감옥에 갇히고 희생을 당했지. 어렵게 모은 한글 낱말 카드와 사전 원고를 모두 빼앗기고, 조선어학회는 강제로 해산됐어. 이를 '조선어학회 사건'이라고 해.

우리말 사전 원고가 창고에 있었다고?

'조선어학회 사건'으로 우리말 사전 만들기는 중단됐어. 그런데 광복 뒤, 서울역 창고에서 우연히 사전 원고가 발견되었어. 덕분에 사전 편찬 작업은 다시 시작되었고 1957년, 한글학회는 16만 개 낱말을 수록한 《큰사전》 여섯 권을 완성했어.

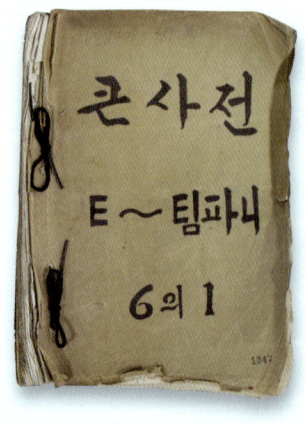

서울역 창고에서 발견된 'ㅌ' 부분 사전 원고야. 한글학회 누리집에 가면 완성된 사전을 읽을 수 있어.

📖 우리나라와 한글을 사랑한 호머 헐버트

호머 헐버트는 1886년, 육영공원 교사로 조선에 왔다가 한글의 매력에 푹 빠졌어. 하지만 조선 사람들이 한글은 놔두고 어려운 한자만 쓰는 것을 보면서 스스로 한글을 공부해 《사민필지》라는 한글로 된 교과서를 펴냈어. 이 책은 세계지리 교과서로 조선의 청소년과 젊은이들에게 새로운 세상을 알려 주었어. 주시경 선생도 《사민필지》에 큰 자극을 받았다고 해.

호머 헐버트

🕐 주제로 보는 한국사 연표 : 한글

1894년 고종 칙령 제1호 반포 — 고종은 모든 공문서에 한문 대신 한글을 사용하게 함

1896년 〈독립신문〉 발행 — 서재필과 호머 헐버트, 주시경을 중심으로 펴낸 우리나라 최초 한글 신문

1921년 조선어연구회 창립

1926년 훈민정음 반포 기념일 '가갸날' 제정

1928년 '가갸날'에서 '한글날'로 바꿈

1929년 조선어사전편찬회 조직

1936년 소선어학회에서 사전 편찬 작업 시작

1942년 조선어학회 사건

1945년 서울역에서 사전 원고 발견

1947년 조선어학회 《조선말 큰사전》 첫 권 펴냄

1957년 《큰사전》 완간 — 한글날에 마지막 6권이 나오면서 16만 4천여 낱말을 수록한 사전 완간

💡 함께 생각해요

- 일제강점기 때 한글을 지켜 내지 못했다면 오늘날 우리들의 삶은 어떤 모습일까요?

11월

덕수궁에서 기리는
순국선열의 발자취

여기는 어디야?

서울시 중구 정동에 있는 덕수궁은 조선과 대한제국의 궁궐이야.

고종이 대한제국을 선포하며 황제가 머무는 궁으로 삼기로 했어.

일본이 우리나라 외교권을 강제로 빼앗고 식민 지배의 발판으로 삼은

을사늑약이 체결된 곳이기도 해.

덕수궁을 거닐며 큰 절망 앞에서도 끝까지

나라를 지키려고 했던 순국*선열의 뜻을 살펴보자.

* 순국 : 나라를 위하여 목숨을 바침.

주소 서울특별시 중구 세종대로 99(덕수궁), 서울특별시 중구 정동길 41-11(덕수궁 중명전)
전화번호 02-771-9951(덕수궁), 02-771-9952(덕수궁 중명전)

역사 달력

1905년 11월 17일 을사늑약 강제 체결
1939년 11월 21일 순국선열공동기념일 제정

역사 인물

이준(1859~1907)

이상설(1870~1917)

이위종(1887~?)

세 사람은 을사늑약이 무효인 것을 세계에 널리 알리려 고종이 보낸 비밀 특사였어.
그러나 일본의 방해로 특사 임무는 실패로 돌아가고 말았어. 이준은 과로와 울분을 이기지 못하고 헤이그에서 순국했어. 이상설과 이위종은 해외로 떠나 독립운동을 꾸준히 이어 나갔어.

생생 역사 속으로

대한제국 황제 고종이 머물던 궁궐, 덕수궁

덕수궁은 임진왜란 때 궁궐이 모두 불타 없어지자
당시 임금이던 선조가 잠깐씩 머무는 행궁으로 쓰이다가
광해군 때 '경운궁'이라고 불리며 정식 궁궐이 되었어.
여러 임금을 거치는 동안에도 제대로 쓰이지 못하다가
고종이 머물면서 규모와 격식을 갖추게 되었어.

덕수궁 정문 대한문

밤에 본 덕수궁

을사늑약이 강제로 체결된 중명전

중명전은 본디 황실 도서와 보물을 보관하는 곳이었어.
1904년에 덕수궁에 큰불이 난 뒤
고종이 임시로 머물며 신하들을 만나는 곳으로 쓰였지.
또, 을사늑약이 강제로 체결된 가슴 아픈 곳이기도 해.

중명전 내부

중명전 전경

현재 중명전은 대한제국 역사를 살펴볼 수 있는 전시실로 꾸려져 있어.

고종이 일하고 생활하던 석조전

석조전은 고종이 품은 뜻인
'대한제국은 새로운 나라로 나아간다'를
널리 알리기 위해
서양식으로 지었다고 해.
지금은 대한제국 역사와 황실 생활사를
살펴볼 수 있는 전시관으로 쓰여.

덕수궁 석조전

중앙 회랑

접견실

황제 침실

미술관으로 쓰이는 석조전 서관

1938년에 일본이 미술관 용도로 지은
덕수궁 석조전 서관은 그 뒤로
여러 차례 이름이 바뀌었어.
6·25전쟁으로 소실되었다가,
다시 수리해 1998년부터는
국립현대미술관 덕수궁관으로
쓰이고 있어. 이곳에서는
우리나라뿐 아니라 세계의
근대 미술 작품들을 전시해.

덕수궁 석조전 서관

덕수궁에서 여기는 꼭 들러 봐!
-중명전 2전시실

덕수궁에서 꼭 살펴볼 곳이 있어.
바로 을사늑약이 강제로 맺어진 중명전이야.
중명전 2전시실에 가면 이토 히로부미와 을사늑약을 맺는
을사오적을 볼 수 있지. 이 조약은 절차와 형식 없이
일본의 강요와 무력으로 맺은 무효 조약이야.
가슴 아픈 장면이지만, 그날의 잘못을 되새기고
다시는 되풀이하지 않도록 이곳에 꼭 들르면 좋겠어.
또, 4전시실에 가면 헤이그 특사도 볼 수 있어.
어려움 속에서도 나라를 지키려던 분들을 잊지 않고 기억하면 좋겠어.

을사늑약을 맺는 현장

권중현　　박제순　　이완용　　이지용　　이근택

을사늑약에 찬성한 대한제국 대신 다섯 명을 '을사오적'이라고 불러.

을사늑약을 맺기 전 조선의 상황

1895년, 일본이 조선의 왕비인 명성황후를
시해*하는 사건이 일어났어.
또 백성들에게 상투를 자르라는 단발령을 내렸지.
백성들은 일본에 분노하며 전국에서 의병을 일으켰어.
일본을 피해 러시아공사관에 머물던 고종은
조선이 스스로 강해져야 한다고 생각했어.
그래서 1897년, 나라 이름을 '대한제국'으로
바꾸고 여러 개혁을 시작했어.

* 시해: 임금이나 대통령 같은 중요한 사람을 죽이는 것.

일본이 감히 조선의 왕비를 시해하고 우리 조상님이 물려주신 몸을 훼손하라고 명령하다니요! 전하, 제 목을 자를지언정 머리카락은 자를 수 없사옵니다!

강요와 무력으로 맺은 을사늑약

그러나 일본도 가만히 있지 않았어.
일본 특파대신 이토 히로부미는 고종에게 일왕의 친서를 전달하고,
일본이 대한제국을 지켜 줄 테니 외교권을 넘기라는 조약을 맺자고 했어.
고종은 이를 거부했지. 1905년 11월 17일 늦은 밤,
이토 히로부미는 대한제국 대신들을
덕수궁 중명전으로 불러 한 명 한 명에게 조약에
찬성하는지 반대하는지 따져 물었어.
대신 여덟 명 가운데 다섯 명이 찬성하자
조약이 맺어진 거라 결론지었지.
이로써 일본은 대한제국의 외교권을 빼앗고,
통감부를 설치해 나라 살림에
간섭할 수 있게 됐어.

어서 조약에 동의하시오!

헤이그 특사와 항일의병운동

을사늑약을 맺었다는 소식이 퍼지자 전국에서 의병이 크게 일어났어.
고종은 을사늑약이 무효라고 선언하고 끝까지 인정하지 않았어.
그리고 국제사회의 도움을 얻기 위해 1907년 만국평화회의가 열리는
네덜란드 헤이그로 비밀 특사를 파견했지.
헤이그 특사는 일본의 방해와 강대국의 무관심으로 회의장조차 들어가지 못했어.
하지만 많은 독립운동가들이 나라 안과 밖에서 일본군과 맞서 싸웠고
나라를 되찾기 위해 목숨을 바쳤어.

헤이그 특사(왼쪽부터 이준, 이상설, 이위종)

나라 잃은 아픔을 잊지 않기 위해

일본은 을사늑약을 시작으로
우리 주권을 노골적으로 빼앗아 갔어.
결국 우리나라는 1910년에 일본의 식민지가 되었지.
1939년, 대한민국임시정부는
을사늑약이 맺어진 11월 17일을
'순국선열공동기념일'로 정했어.

나라 잃은 치욕을 잊지 말고,
지금까지 나라를 되찾으려 헌신한
이들을 기리기 위해 11월 17일을
순국선열공동기념일로
정하겠소.

역사 배경지식 쏙쏙

📖 덕수궁 이름에 깃든 안타까운 사연

일본은 대한제국이 독립 국가라고 내세우는 것이 못마땅했어.
헤이그 특사 사건이 일어나자 이를 구실로 고종을 황제 자리에서 쫓아냈지.
그 뒤로 아들인 순종이 황제가 되면서 황제가 머무는 곳도
창덕궁으로 옮겼어. 이때 고종이 머물던 경운궁 규모가 크게 줄었고
이름도 덕수궁으로 바뀌었어. '덕수'는 '덕을 누리며 오래 사시라'는 뜻이야.
일본이 고종을 황제 자리에서 쫓아내면서 머무는 궁 이름만
그럴듯하게 높여 준 거지.

대한민국 황제 고종

 주제로 보는 한국사 연표 : 을사늑약

- **1895년 을미사변**: 일본 자객들이 명성황후를 시해한 사건
- **1895년 단발령 선포**
- **1895년 을미의병**
- **1897년 대한제국 선포**: 고종이 대한제국을 선포하고 자주독립 국가를 만들기 위해 노력함
- **1905년 을사늑약 강제 체결**
- **1906년 통감부 설치**: 을사늑약을 맺은 뒤 일본이 남산에 설치한 대한제국 관리·감독 관청
- **1907년 헤이그 특사 파견**
- **1907년 국채보상운동**
- **1910년 경술국치**: 우리나라가 일본의 식민지가 됨

 함께 생각해요

- 을사늑약을 강제로 맺는 가슴 아픈 장면을 왜 전시로 남겼을까요?

12월

우리나라 이민 역사를 기억하는 공간,
한국이민사박물관

여기는 어디야?

인천시는 옛날부터 다른 나라로 떠나거나 다른 나라에서 돌아올 때
관문이 되어 주던 항구도시야.
인천시 월미도에 가면 해외에 살고 있는
우리 동포들의 역사를 살펴볼 수 있는 한국이민사박물관이 있어.
우리나라 이민 100주년을 맞아 해외로 떠난
우리 선조들의 삶을 기리고 그 발자취를 전하기 위해,
여러 시민과 해외 동포들이 뜻을 모아 지은 곳이야.
우리나라 이민 역사를 한눈에 살펴볼 수 있어.

주소 인천광역시 중구 월미로 329
전화번호 032-440-4710

 ## 역사 달력

1902년 12월 22일 우리나라 첫 공식 이민(하와이)

역사 인물

안창호(1878~1938)

안창호 선생은 일제강점기 때 애국 계몽 운동에
앞장선 독립운동가이자 교육자였어.
미국에서 결성된 독립운동 단체인 '대한인 국민회'를 이끌며
세계 곳곳에 있는 한인 사회를 살폈어.

생생 역사 속으로

해외 동포들을 기억하며 세운 박물관

한국이민사박물관은 기획전시실(지하 1층)과 상설전시관(1층, 2층)으로 이루어져 있어. 상설전시관은 모두 4개의 전시실로 꾸며져 있지. 이민의 출발지였던 인천, 하와이 한인들의 삶, 세계 곳곳으로 떠나게 된 이주의 역사처럼 낯선 땅에서 새로운 삶을 개척한 동포들의 이야기를 만날 수 있어.

한국이민사박물관 전시관 내부 모습

하와이로 떠난 우리나라 이민자들

1890년대 조선은 갈수록 먹고살기가 힘들어졌어. 그래서 하와이 이민을 선택한 사람들이 있었지. 그때 하와이에서는 사탕수수 농장에서 일할 사람이 많이 필요했거든.

1902년 12월 22일에 인천 제물포항을 떠난 첫 이민자들

1902년부터 1905년까지 64번에 걸쳐 우리나라 이민자 7,415명이 하와이로 갔어.

오늘날 여권과 같은 '집조'라는 문서야.

> 이민자들은 새벽 네 시에 일어나 날마다 10시간 넘게 농장에서 일했지만 받는 돈은 몹시 적었어.

낯선 땅에서 번 돈으로 독립운동을 돕다

하와이 한인 가운데 일부는 미국 본토로 이주했어. 캘리포니아 같은 곳에 정착해서 농사를 짓거나, 채소 가게, 식당 들을 꾸렸지. 1919년 3·1운동이 일어나자, 미국 한인 사회는 돈을 모아 독립운동에 보탰어. 이는 대한민국임시정부와 구미외교위원회에게 큰 도움이 됐어.

오렌지 농장 노동자들 모습.
동그라미 친 사람이 바로 안창호 선생이야.

안창호 선생과 대한인 국민회 임원들.
미주 지역 독립운동을 이끌었어.

세계 곳곳으로 떠난 사람들

중국, 러시아, 사할린, 중남미처럼 세계 곳곳으로 떠나게 된 한인들의 이야기도 소개하고 있어.
또, 독일 이민과 해외 입양도 다루었지.

> 6·25전쟁이 끝난 뒤, 우리나라 경제는 몹시 어려웠어. 그래서 1963년부터 1977년까지 우리나라 광부 8천여 명과 간호사 1만여 명이 일을 하러 독일로 떠났어.

독일에서 일하는 우리나라 광부와 간호사

광부 작업복과 광부증, 여권, 독일어 사전

한국이민사박물관에서 여기는 꼭 들러 봐! - '갤릭호' 모형

한국이민사박물관에는 배에 올라타서 전시를 보는 곳이 있어.
바로 우리나라 최초 이민자 102명을 싣고
하와이로 떠난 '갤릭호' 모형이야.
배에 오르면 낯선 곳으로 떠나는 이민자들이
어떻게 짐을 꾸리고 떠났는지 잘 전시되어 있어.
여러 물건들을 볼 수 있는데 가족사진이 특히 인상적이야.
어려운 나라 사정 때문에 머나먼 땅으로 떠나야만 했던
당시 사람들의 모습과 마음이 생생하게 느껴져.

'갤릭호' 모형

이민자들의 가족사진과 짐

지도에 남은 우리 동포들의 발자취

중앙아시아로 강제 이주를 당하다

많은 독립운동가들이 러시아 연해주에서 독립운동을 했어. 하지만 1937년, 소련이 독립운동가들을 카자흐스탄, 우즈베키스탄 같은 중앙아시아로 강제 이주시켰어. 이곳에 사는 우리 동포들을 '고려인'이라고 불러.

사할린에 끌려간 동포들

일본은 전쟁 준비를 위해 1930년대부터 7만 명에 이르는 우리나라 사람들을 일본 북쪽 사할린 섬으로 강제 이주시켰어. 벌목, 탄광, 도로 건설, 군수공장 같은 일에 우리 동포를 동원하고 착취했어.

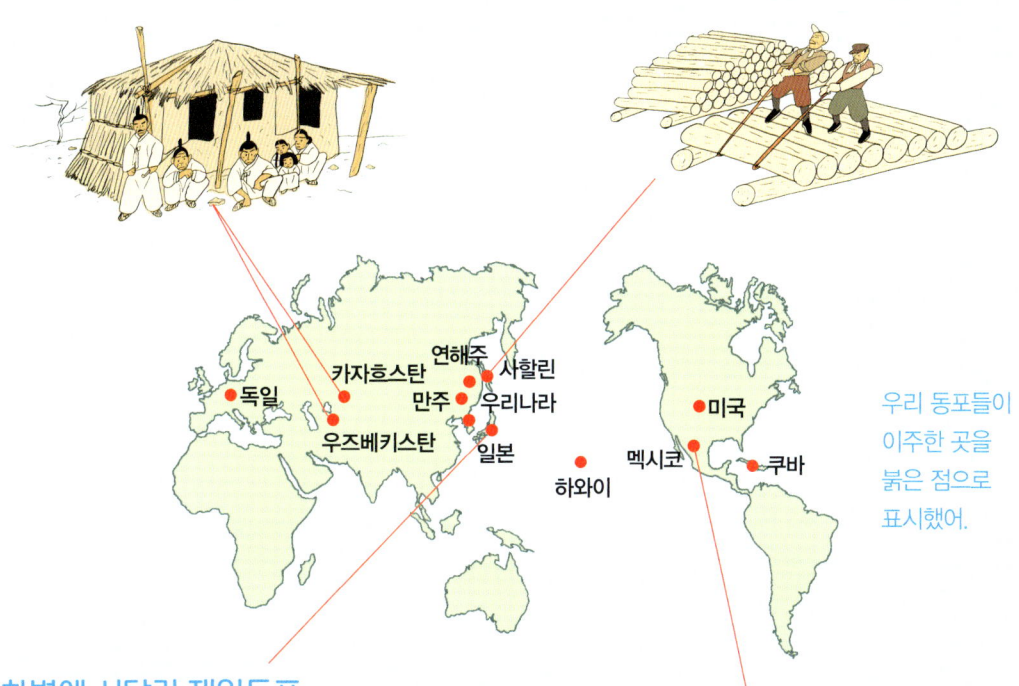

우리 동포들이 이주한 곳을 붉은 점으로 표시했어.

차별에 시달린 재일동포

일제강점기 때 생계나 공부를 위해 많은 사람들이 일본으로 이주했어. 1930년대부터는 강제로 끌려가기도 했지. 이들은 일본에서 차별에 시달렸고 심지어 학살까지 당했어.(1923년 관동대학살) 그럼에도 꿋꿋이 정착한 재일동포들은 학교를 세워 지금도 아이들에게 우리말과 역사를 가르치고 있어.

멕시코로 팔려 간 사람들

1905년, 멕시코 중개인과 일본 이민 회사가 천 명이 넘는 우리나라 사람들을 멕시코 농장에 불법으로 팔았어. 이들은 에네켄 농장에서 수년 동안 가혹한 노동을 해야 했지. 그 사이 우리나라는 일본에 강제 합병이 되어 고국으로 돌아갈 수도 없었어.

우리나라로 이주한 사람들

현재 우리나라에는 외국인 250만 명 정도가 살아.
우리나라에 사는 사람 스무 명 가운데 한 명은 외국인이란 뜻이야.
이 숫자는 해마다 늘고 있지.
결혼, 일자리, 학업, 탈북, 난민처럼 우리나라에 온 까닭도 여러 가지야.
자기 나라 문화를 우리나라에 알리며 우리 사회의 다양성을 넓히고 있어.
또, 우리 문화가 세계로 뻗어 나갈 수 있도록 다리 역할도 해.
이제 우리나라는 다양한 인종, 언어, 문화가 어우러진 다문화 사회야.

지금 세계 200개 나라에 한인 750만 명이 살아. 어느 나라에 살든 모든 사람은 안전하게 보호받고, 평등한 대우를 받을 권리가 있어. 국제연합은 이런 마음을 담아 세계 이주민의 날(12월 18일)을 만들었어.

역사 배경지식 쏙쏙

 78년 만에 조국 땅을 밟은 홍범도 장군

홍범도 장군은 일제강점기 때 봉오동 전투, 청산리 전투를 승리로 이끈 독립운동가야. 일본군에게는 두려운 존재였고 우리 민중들에게는 영웅이었지. 하지만 홍범도 장군은 연해주에서 독립운동을 펼치다 카자흐스탄으로 강제 이주되었고, 그곳에서 숨을 거뒀어. 홍범도 장군 유해는 2021년 광복절에 우리나라로 다시 모셔와 국립대전현충원에 안장되었어.

홍범도 장군

 주제로 보는 한국사 연표 : 해외 이주

1860년	1875년	1902년	1905년
연해주 지역으로 이주	북간도 지역으로 이주	우리나라 첫 공식 이민 (하와이 이민)	멕시코 불법 계약 노동 이민 사건

1937년	1919년	1910년
소련의 강제 이주 연해주 지역 한인들이 중앙아시아로 강제 이주를 당함	3·1운동 일본에 거주하는 한국인 유학생들이 조선독립선언서를 발표함	경술국치 농민과 노동자, 독립운동가 해외로 이주

 함께 생각해요

• 오늘날 우리나라에서 함께 사는 이민자들을 어떻게 바라봐야 할까요?

1월

새해를 맞아
국립중앙박물관 으로!

여기는 어디야?

국립중앙박물관은 1945년 우리나라 독립을 맞아

'국립박물관'으로 시작되었어.

6·25전쟁 때는 박물관을 부산으로 잠시 옮기기도 했어.

한때 조선총독부 건물이나 경복궁이 박물관으로 쓰이기도 했는데

2005년, 서울시 용산구에 새로운 건물을 지어 오늘까지 이르고 있어.

새해를 맞아 국립중앙박물관에서 여러 역사 유물과

문화재를 살펴보며 한 해를 어떻게 보낼지 그려 보자.

주소 서울특별시 용산구 서빙고로 137
전화번호 02-2077-9000

역사 달력

1962년 1월 10일 문화재보호법 공포

역사 인물

박병선(1929~2011)

박병선 박사는 대한민국 최초로 유학 비자를 받고 프랑스로 유학을
떠나 돌아가실 때까지 프랑스에 살았어. 프랑스국립도서관 사서로 일하며
프랑스가 1866년 병인양요 때 약탈해 간 도서인 '외규장각 의궤'를 발견했어.
여러 노력 끝에 대여 형태로 다시 한국이 돌려받게 한 데 큰 공을 세웠어.

생생 역사 속으로

> 국립중앙박물관은 뒤로는 남산이 우뚝 서 있고, 앞으로는 한강이 흐르고 있어. 박물관 건물은 소중한 문화유산을 잘 지켜 나가겠다는 뜻으로 성을 본떠 지었어.

국립중앙박물관과 상설전시관

국립중앙박물관에는 우리나라와 세계 여러 나라의 유물 19만 점을 보관하고 전시해. 우리나라 역사와 문화를 선사시대부터 시간 흐름에 따라 볼 수 있고, 고대 그리스와 로마, 인도 같은 다른 나라 유물도 만날 수 있지. 모두 둘러보려면 너무 많은 시간이 필요하니 먼저 상설전시관부터 가 봐. 3층으로 이루어진 상설전시관엔 층마다 다양한 유물을 정기적으로 바꿔 가며 전시하고 있어.

 **1층** 선사시대부터 대한제국까지의 유물이 전시되어 있어. 우리나라 역사를 한눈에 살필 수 있지.

농경문 청동기

대동여지도

황남대총 북분 금관

상평통보 당백전

금속활자

호우총 청동그릇

해시계

여기도 놓치지 마

박물관 곳곳으로 가는 '역사의 길'

박물관 1층에는 과거와 현재를 이어 주는 '역사의 길'이 펼쳐져 있어.
이 길을 통하면 1, 2, 3층 어느 전시실이든 쉽게 오가며 볼 수 있어.

디지털 실감 영상관 1·2·3관
이곳은 넓은 파노라마 화면으로 우리 문화유산을 만날 수 있는
곳이야. 또 가상현실을 통해 유물을 생생하게 감상할 수 있어.

 **2층** 전통 서화, 불교 회화, 공예, 도자기 그리고 기증받은
고미술품이 전시되어 있어. 세계적인 작품도 있지.

분청사기 상감 / 이홍근 선생이 기증한 '동물이 새겨진 목항아리' / 《단원풍속도첩》 '춤추는 아이' / 이홍근 선생이 기증한 《송도기행첩》 '박연폭포' / 김명국필 달마도 / 가네코 가스시게 선생이 기증한 말레이시아 이반족 '방패'
연꽃넝쿨 무늬 병

 **3층** 우리나라 조각, 공예, 문화유산과 고대 그리스와 로마,
아시아 여러 나라의 다채로운 문화유산을 만날 수 있어.

금제 여래좌상 / 물가풍경 무늬 정병 / 금동 반가사유상 / 감산사 석조미륵보살입상 / 아스타나 무덤 '복희와 여와'

국립중앙박물관에서 여기는 꼭 들러 봐! - 손기정 기증 청동 투구

국립중앙박물관에서 뜻깊은 나눔의 장을 만날 수 있어.
바로 기증관이야. 이 가운데서도 손기정 선수가 기증한
청동 투구 전시실을 추천해.
1936년 베를린 올림픽 마라톤 경기에서 받은 금메달과 함께
부상으로 받은 투구야. 하지만 손기정 선수에게 전달되지 못한 채
베를린 박물관에 50여년 동안 보관되어 있었지.
다행히 1986년 베를린 올림픽 개최 50주년을 기념해
손기정 선수에게 전달되었어. 손기정 선수는
'이 투구는 나의 것이 아니라 우리 민족의 것'이라는 뜻을 밝히고
1994년 국립중앙박물관에 전시될 수 있도록 이 투구를 기증했어.
이곳에서는 손기정 선수 가슴에 태극기 대신 단 일장기를
지우고 보도한 '일장기 말소 사건'의 역사적 기록도 함께 볼 수 있어.

손기정 선수가 기증한 청동 투구

6·25전쟁과 국립중앙박물관

6·25전쟁 때 부산으로 피난한 유물들

1950년 6월 25일, 6·25전쟁이 일어나자 국립중앙박물관(그때는 국립박물관) 직원들은 바로 다음 날부터 전시 유물을 모두 창고로 옮겼어. 전쟁 상황이 나빠지자 유물을 조금 더 안전한 부산으로 옮기자고 결정했지. 나라의 승인이 떨어지자마자 직원들은 박물관에 있던 모든 유물을 비밀리에 서울역으로 옮겼고, 군용열차를 이용해 일주일 만에 부산으로 이동했어.

여러분, 서두릅시다! 유물 하나라도 더 온전히 옮겨야 합니다!

3년 동안 부산에서 지낸 유물들은 1953년, 휴전과 함께 서울로 다시 돌아오게 되었어.

6·25전쟁이 남긴 상처가 가득한 문화유산들

3년 동안 이어진 끔찍하고도 안타까운 전쟁은 우리 문화유산에도 비극의 흔적을 남겼어.

선림원지 범종편은 통일신라 시대 때 만들어졌어. 오대산 월정사에 보관되어 있다가 전쟁으로 월정사가 불타면서 범종도 깨지고 녹아 이리저리 비틀어졌어.

조선 시대 때 그려진 요계관방지도를 자세히 살펴보면 발자국이 보여. 이는 한국전쟁 때 북한군이 밟은 군홧발 자국이야.

신라 시대 때 세워진 북한산 순수비에는 6·25전쟁 당시 치열한 전투로 생긴 총탄 자국이 그대로 남아 있어.

빼앗겼다 돌려받은 소중한 유물들

145년 만에 돌아온 외규장각 의궤

조선 시대 병인양요(1866) 때 프랑스군은 강화도를 점령하고 외규장각에서 의궤* 297권을 약탈해 갔어. 의궤는 백 년 넘게 프랑스 국립도서관에 방치되어 있다가 그곳에서 일하던 박병선 박사가 처음 발견했어. 박병선 박사는 이 사실을 우리나라에 알리고 정부, 민간단체와 함께 오랜 시간 프랑스에 반환을 요구했어. 그 노력 끝에 외규장각 의궤가 145년 만인 2011년에 우리나라로 돌아왔어.

* 의궤: 조선 왕실에서 나라의 큰일을 치를 때 후세에 참고하기 위해 그 과정을 자세히 기록한 책.

하지만 완전한 반환이 아닌 장기 대여로 돌아와 아쉬움이 남아.

경천사 십층석탑

'역사의 길' 끝에 가면 10층짜리 탑 하나가 우뚝 서 있어.
대리석으로 만들어진 석탑에는 불상, 보살상, 연꽃처럼 아름답고 화려한 장식들이 조각되어 있지.
고려 시대 때, 개성에 있는 경천사라는 절에 세워져 있던 이 탑은 아름다운 만큼 고된 수난을 겪었어.
1907년, 조선에 온 일본 특사가 한밤중에 석탑을 몰래 훔쳐 갔어.
이를 안 사람들이 전 세계에 이 사실을 알렸고 1918년, 석탑은 우리나라에 돌아왔어.

과거와 현재, 그리고 미래를 이어 주는 박물관

'오래된 미래'라는 말 들어 봤니? 과거를 통해 새로운 미래를 꿈꿔 볼 수 있다는 말이야. 우리나라를 대표하는 국립중앙박물관이 바로 오래된 미래를 만날 수 있는 장소가 아닐까 싶어. 우리가 살아가는 오늘도 시간이 지나면 역사 속 한 순간으로 기억되겠지? 앞으로 여러분들이 꿈꾸는 나라는 어떤 모습이야? 상설전시관 1층 가장 마지막에는 김구 선생님의 말씀이 남겨져 있어.

김구

> 나는 오직 우리나라가 세계에서 가장 아름다운 나라가 되기를 원한다. 오직 한없이 가지고 싶은 것은 높은 문화의 힘이다. 문화의 힘은 우리 자신을 행복하게 하고, 나아가서 남에게 행복을 주기 때문이다. 그래서 진정한 세계의 평화가 우리나라에서, 우리나라로 말미암아 세계에 그래서 세계에 실현되기를 원한다. 김구, 《백범일지》

주제로 보는 한국사 연표 : 국립중앙박물관

1945년 국립박물관 개관 — 조선총독부박물관 인수, 독립을 맞아 문을 연 우리나라 박물관의 첫 시작

1950년 6월 25일 6·25전쟁 발발 — 국립박물관 소장품 부산으로 임시 이전

1953년 7월 27일 한국전쟁 휴전 협정 — 국립박물관 소장품이 경복궁내 청사로 돌아옴

1954년 국립박물관 서울 남산분관으로 이전 개관

1972년 국립박물관을 국립중앙박물관으로 이름을 바꿈

1972년 경복궁으로 신축 이전 개관 (현 국립민속박물관)

1986년 예전 중앙청 건물에 국립중앙박물관 이전 개관

1996년 국립중앙박물관 이전 개관 (현 국립고궁박물관)

2005년 서울시 용산구 미군기지 자리에 국립중앙박물관 신축 이전 개관

2011년 외규장각 의궤가 우리나라에 돌아옴

함께 생각해요

- 손기정 선수는 왜 투구를 박물관에 기증했을까요? 손기정 선수가 금메달을 땄을 때 왜 우리나라 신문에서 일장기를 지웠을까요?

2월

대구에서 시작된
국채보상운동의 의미

여기는 어디야?

일제강점기가 시작되고 일본은 우리나라에게 큰 빚을 지게 했어.

우리나라 경제를 송두리째 지배하기 위해서였지.

1907년 2월, 김광제와 서상돈은 시민들에게

십시일반 돈을 모아 나라 빚을 갚고 국권을 회복하자는

국채보상운동을 제안했어. 대구에서 시작된 이 운동은

곧 전국으로 퍼져나갔어. 대구에는 국채보상운동기념관을 비롯해서

국채보상운동의 자취를 찾아볼 수 있는 곳들이 곳곳에 있어.

그럼, 대구시로 떠나 국채보상운동에 대해 더 알아보자.

주소 대구광역시 중구 국채보상로 670
전화번호 053-745-6753

역사 달력

1907년 2월 21일 국채보상취지서
〈대한매일신보〉 게재

역사 인물

김광제(1866~1920)

서상돈(1850~1913)

출판사를 운영하던 김광제와 큰 상인이던 서상돈은 국채보상운동을 이끌었어. 그 뒤로도 노동과 경제 분야에서 우리 민족의 자유와 독립을 위해 꾸준히 힘썼어.

생생 역사 속으로

시민 힘으로 세운 국채보상운동기념관

국채보상운동기념관은 국채보상운동을 기념하기 위해 만들었어.
국채보상운동의 역사와 관련 기록물들을 관람할 수 있지.
시민 모두가 자발적으로 참여한 국채보상운동처럼 대구 시민들이
성금을 모으고 정부와 대구시의 지원을 받아 문을 열었어.

걸인 정만권처럼 가난하고 힘없는 사람들도 이 운동에 적극 참여했어.

걸인 정만권

국채보상운동기념공원

국채보상운동을 통해 드러난 시민들의
나눔과 참여 정신을 기억하려고 만든 공원이야.
공원 안에 국채보상운동기념관이 있어.
국채보상운동 여성기념비, 김광제, 서상돈 선생의
흉상도 만날 수 있어.

서상돈 고택

국채보상운동의 중심에 섰던 서상돈 선생의 집을 복원한 근대식 한옥이야.
고택 안에는 서상돈이 쓴 국채보상운동 기록물을 전시하고 있어.
서상돈은 기업인이자 독립운동가로 우리나라 교육 발전과 국권 회복을 위해서도 애썼어.

서문시장

서문시장은 대구에서 가장 큰 재래시장이야.
전국 3대 전통시장으로 꼽혀.
일제강점기 일본인들이 대구의 경제권을 빼앗자 위협을 느낀 시장 상인들은 적극적으로 의연금을 내며 국채보상운동을 더욱 펼쳐 나갔어.

진골목

대구 근대 역사 100년의 자취를 간직한 길이야.
국채보상운동을 시작하자마자 진골목 둘레에 살던 부녀자들이 모여 전국에서 처음으로 부인회를 만들고 운동에 적극 참여했어.

> 국채보상운동에 많은 여성들이 참여하면서 성평등 의식도 성장하게 됐어.

대구시에서 여기는 꼭 들러 봐!
-국채보상운동기념관

방문 콕콕

국채보상운동기념관에 가면
국채보상운동의 주요 기록물을 살펴볼 수 있어.
1907년부터 1910년까지 일어난 국채보상운동 과정을
낱낱이 보여 주는 문서들이야.
우리나라 국채보상운동의 주요 문서와 기록물은
2017년에 유네스코 세계기록유산으로 선정되었어.
국가 위기에 국민들이 자발적으로 대응하고,
식민 지배를 당하는 다른 나라들에도
희망을 주었다는 점에서 역사적 가치를 인정받았거든.

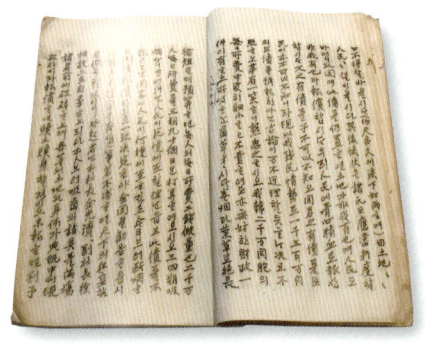
국채보상발기회 연설문

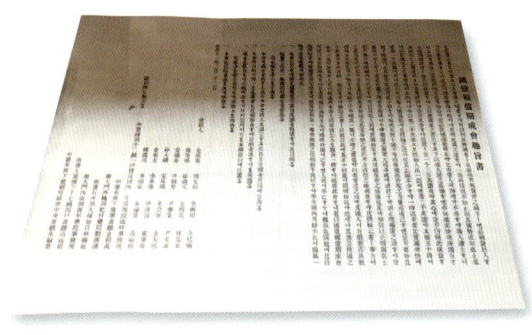
국채보상기성회 취지서

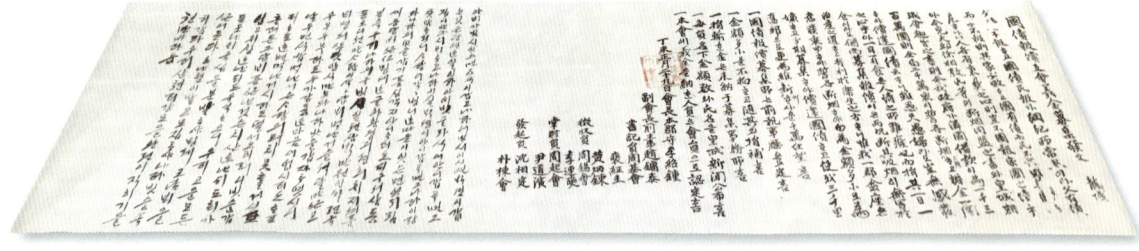
국채보상회의금 모집 발문

나라를 빼앗으려는 일본

1905년 일본은 우리나라 경제권을 뺏기 위해 화폐정리사업을 시행했어. 결국 대한제국은 여러 해에 걸쳐 큰 빚을 지고 우리 땅을 빼앗길 위기에 처했어.

고종 황제 메가타 다네타로 재정 고문

조선의 화폐를 바꿔야 하니 일본한테 돈을 빌리시오!

일본에 맞선 시민들

김광제와 서상돈은 일본이 우리나라 경제를 거세게 압박하는 상황을 더는 두고 볼 수 없었어. 이들은 우리가 빚을 갚고 나라를 지키자며, 시민들에게 국채보상운동을 제안했어. 1907년 2월, 국채보상취지문을 전국에 반포하고 대구에서 군민대회를 열었지. 이에 수천 명이 의연금*을 내며 운동이 시작되었어.

* 의연금: 남을 돕거나 좋은 일에 쓰라고 스스로 내는 돈.

국채 1,300만 원 보상 취지서

지금 나라의 빚이 1,300만 원이며 이는 우리 대한제국이 살고 죽음에 관계된 일이다. 이를 갚으면 나라를 보존하게 되고 못 갚으면 나라를 잃고 만다. 2,000만의 백성이 3개월 동안 담배를 끊고 그 돈을 각 사람마다 20전씩 낸다면 1,300만 원을 모을 수 있다. 만약 부족하다면 1원, 10원, 100원, 1,000원 등 따로 기부를 받으면 될 것이다.

— 1907년 2월 21일자 〈대한매일신보〉 —

신문을 통해 전국으로 퍼진 운동

〈대한매일신보〉에 취지서가 실리고
연이어 〈황성신문〉, 〈만세보〉에서도 기사를 냈어.
덕분에 국채보상운동은 전국으로 퍼져 나갔어.
남녀노소, 직업, 계층을 따지지 않고 온 국민이 참여했지.

우리나라 최초의 근대여성운동

국채보상회 간부의 부인이던 정경주는
'남일동 패물폐지 부인회'를 만들고 "나라 위하는
마음과 백성 된 도리에 어찌 남녀가 다르리오."
라는 글을 신문에 실었어.
이에 전국 곳곳에서 부인회가 만들어졌고
여성들도 운동에 적극적으로 참여했어.
비녀와 가락지 같은 패물을 모아 의연금을 냈지.

일본의 탄압으로 멈춘 운동

운동이 거세지자 일본은 신문지법, 보안법을
만들어 언론을 탄압했어. 또, 운동을 이끌던
〈대한매일신보〉의 외국인 사장 베델을 내쫓았지.
또 국채보상지원금총합소 총무 양기탁은
누명을 씌워 옥에 가두었어.
국채보상운동은 멈추게 되었지만
민족경제운동, 물산장려운동 같은
독립운동의 출발점이 되었어.

역사 배경지식 쏙쏙

📖 독립운동을 북돋았던 신문 <대한매일신보>

1904년 양기탁과 영국인 어니스트 베델이 창간한 신문이야. 일본의 만행을 폭로하고 비판하는 기사를 많이 썼어. 일본은 신문지법을 만들어 우리나라 사람이 일본에 저항하는 신문을 펴내지 못하도록 했지만 외국인이 공동으로 발행하는 <대한매일신보>에는 간섭할 수 없었어. 신문에 독립운동 기사가 실리는 날이면 불티나게 팔릴 만큼 인기가 많았대.

양기탁
(1871~1938)

어니스트 베델
(1872~1909)

주제로 보는 한국사 연표 : 국채보상운동

1876년 강화도조약 체결 — 일본이 조선의 주권을 침해하는 불평등조약인 강화도조약을 맺게 함

1897년 대한제국 선포

1904년 제1차 한일협약 — 일본은 수많은 고문을 파견해 우리나라 내정 전반을 장악함

1907년 국채보상운동 시작

1905년 을사늑약 체결 — 외교권 박탈. 일본의 간접적인 통치가 시작됨

1905년 화폐정리사업 실시 — 화폐 정리 때문에 대한제국이 일본에 막대한 빚을 지게 됨

함께 생각해요

• 어려운 나라를 위해 시민들 스스로 참여하는 행동이 중요한 까닭은 무엇일까요?

사진 제공

- 이 책에 실린 사진은 저자가 직접 촬영하거나 보유 기관으로부터 제공받은 사진입니다.
  국채보상운동기념관 및 대구 사진 촬영은 신승민 선생님의 도움을 받았습니다.
  전시 공간을 직접 촬영한 사진은 해당 기관으로부터 사용 허락을 받고 실었습니다.
- 국립중앙박물관, 국채보상운동기념관, 근현대사기념관, 대한민국역사박물관, 백범김구기념관, 서대문형무소역사관,
  전쟁기념관, 천도교 중앙대교당, 한국이민사박물관으로부터 사용 허락을 받았습니다.
- 저작권자와 연락이 닿지 않아 부득이하게 사전에 허가를 구하지 못한 사진은 연락이 닿는 대로
  절차에 성실히 임해 허가를 받고, 합당한 저작권 사용료를 지불하겠습니다.

국립민속박물관
남한 총선거 홍보 포스터(42쪽)

국립중앙박물관
농경문 청동기(90쪽), 대동여지도(90쪽), 황남대총 북분 금관(90쪽), 상평통보 당백전(90쪽), 금속활자(90쪽),
호우총 청동그릇(90쪽), 해시계(90쪽), 분청사기 상감 연꽃넝쿨 무늬 병(91쪽), 동물이 새겨진 목항아리(91쪽),
《단원풍속도첩》 '춤추는 아이'(91쪽), 《송도기행첩》 '박연폭포'(91쪽), 김명국필달마도(91쪽), 이반족 방패(91쪽),
금제 여래좌상(91쪽), 물가풍경 무늬 정병(91쪽), 금동 반가사유상(91쪽), 감산사 석조미륵보살입상(91쪽),
아스타나 무덤 '복희와 여와'(91쪽), 손기정 선수 청동 투구(92쪽), 선림원지 범종편(93쪽)
요계관방지도(93쪽), 북한산 신라 진흥왕 순수비(93쪽), 경천사 십층석탑(94쪽)

궁능유적본부 덕수궁관리소
덕수궁 전경(72쪽), 대한문(74쪽), 밤에 본 덕수궁(74쪽), 중명전 내부(74쪽), 중명전 전경(74쪽),
덕수궁 석조전(75쪽), 중앙 회랑(75쪽), 접견실(75쪽), 황제 침실(75쪽), 덕수궁 석조전 서관(75쪽)

근현대사기념관
상설전시관 내부 모습(58쪽 위)

대한민국역사박물관
독립선언서 기념비(11쪽), 손병희 선생 동상(11쪽), 대한민국역사박물관 전경(40쪽), 제헌국회 개회식 사진(42쪽),
초대 대통령·부통령·장관 포스터(42쪽), 제헌헌법 책자(42쪽), 잡지 〈한글〉(70쪽)

독립기념관
대한민국임시정부 신년 축하식 사진(21쪽), 한미 연합 지휘부 사진(54쪽), 한국광복군 결성식 사진(61쪽), 잡지 〈광복〉(63쪽),
집조(82쪽), 대한인 국민회 임원들 사진(83쪽)

문화재청 국가문화유산포털
《큰사전》(70쪽)

백범김구선생기념사업협회
김구 선생 묘소(19쪽), 백범김구기념관 2층 전시관 사진(20쪽), 《백범 일지》 친필본(20쪽),
대한민국임시정부 환국 기념사진(22쪽)

재한유엔기념공원관리처
유엔기념공원 묘역(35쪽)